Colección Práctica de Mediación

MEDIACIÓN LABORAL

Colección Práctica de Mediación

MEDIACIÓN LABORAL

César J. Viana López

Editorial Dykinson

Editorial DYKINSON, S.L. Meléndez Valdés, 61 - 28015 Madrid
Teléfono (+34) 91 544 28 46 - (+34) 91 544 28 69
e-mail: info@dykinson.com
http://www.dykinson.es
http://www.dykinson.com
Consejo Editorial véase www.dykinson.com/quienessomos

ISBN: 978-84-9031-632-0
Depósito Legal: M-24492-2013

Preimpresión por:
Besing Servicios Gráficos S.L.
e-mail: besingsg@gmail.com

A Esmeralda, Nacho, María y Cesar

ÍNDICE

1.
INTRODUCCIÓN

Las organizaciones empresariales en el sector privado, pero también aquellas que se ubican en el sector público, mantienen relaciones económicas, empresariales, laborales, tanto externas como internas.

En la práctica totalidad de estas organizaciones empresariales los conflictos laborales están presentes con cierta frecuencia. También las prácticas empresariales que conllevan desavenencias entre las propias empresas. Y estas relaciones, inter e intra empresariales son objeto de conflictos continuos.

Ante esto, la mediación laboral se presenta como una alternativa posible y absolutamente recomendable para abordar y solucionar los conflictos que se puedan producir en este ámbito.

La mediación de conflictos en el ámbito de las relaciones laborales es quizá la más conocida cuando hablamos de mediación. Aunque en otros ámbitos su implantación se produce de forma lenta y progresiva desde hace poco tiempo, en el ámbito laboral la mediación se ha convertido en un recurso muy utilizado, sobre todo por la "institucionalización" a través de distintas entidades, impulsadas y apoyadas por los sindicatos mayoritarios.

En definitiva, la mediación laboral consiste en un conjunto de técnicas que promueven la resolución de un conflicto entre las partes, en las que un tercero neutral e imparcial interviene para dirigir el conflicto y llevarlo a su resolución.

2.
EL CONFLICTO

2.1. Definición

Define la Real Academia Española conflicto, derivado del latín *conflictus*, como: *Combate, lucha, pelea , enfrentamiento armado, apuro, situación desgraciada y de difícil salida, problema, cuestión, materia de discusión, coexistencia de tendencias contradictorias en el individuo, capaces de generar angustia y trastornos neuróticos…*[1].

El conflicto de se produce cuando dos o más individuos o grupos con interese diferentes defienden los mismos con firmeza y decisión. El conflicto no supone solo la existencia de intereses contrapuestos sino que requiere estrategias y esfuerzos de parte para intentar hacer prevalecer sus propias posiciones e intereses.

Todo conflicto presenta una serie de **caracteres formales**:

a) Antagonismos de intensidad variable entre las partes.

b) Diferentes percepciones de la realidad.

c) Falta o insuficiencia en la comunicación entre las partes.

Tradicionalmente se han distinguido varios **tipos de conflicto**:

1. *Funcionales y disfuncionales*. Según su menor o mayor intensidad.
2. *Interpersonales e intergrupales*. En función de la intervención de personas o grupos.

---

1 http://lema.rae.es/drae/?val=CONFLICTO

3. *De valores e intereses*. Según la controversia verse sobre la gestión de un recurso o sobre posturas divergentes sobre lo deseable.
4. *Manifiestos y latentes*. Según se hayan manifestado o no.

2.2. Elementos

En todos los conflictos nos encontramos con una serie de elementos estructurales que pueden clasificarse de la siguiente forma:

a) **Actores**. Donde distinguimos entre *actores principales*, que son los que tienen un interés directo en el objeto del conflicto, *actores secundarios*, con participación en el mismo pero subordinada a los anteriores, e *intermediarios*, cuya participación tiene por objeto propiciar la resolución del conflicto.

b) **Problemas suscitados**. Que son las cuestiones objeto de conflicto, cuya acotación será de las principales funciones del mediador.

c) **Objetivos.** Que marcaran el escenario de resolución del conflicto, y que se desenvuelven desde una perspectiva positiva (aquello que las partes desean) y negativa (aquello que las partes tratan de evitar).

d) **Intereses o necesidades**. Que son las variables que impulsan el comportamiento de las partes.

e) **Actitudes o comportamientos**. Que son las reacciones visibles de las partes frente al conflicto.

f) **Estrategias.** Que son las formas de abordar el conflicto y que pueden consistir en evitarlo, solucionarlo por la fuerza, recurrir a la autoridad o el acuerdo.

2.3. Reacciones frente al conflicto

Las reacciones frente al conflicto pueden ser entendidas como una serie de procesos y condiciones psicológicas que acompañan su desarrollo, y que pueden clasificarse en dos grandes grupos, **las**

emociones (desconfianza, miedo, ira, sumisión frente a la otra parte) y **los procesos cognoscitivos** (a través de los que las partes responden al conflictos desde estereotipaos, fortalecimiento de la propia posición, conductas victimista o deshumanización del contrario).

3. MECANISMOS ALTERNATIVOS DE RESOLUCIÓN DE CONFLICTOS. AUTOCOMPOSICIÓN Y HETEROCOMPOSICIÓN

Tradicionalmente la resolución de conflictos dentro del Estado de Derecho se ha encomendado a Juzgados y Tribunales como una conquista frente a soluciones unilaterales y privadas, no obstante dado el fuerte aumento de la litigiosidad con el consiguiente atasco y retraso de la Justicia, ha surgido otros mecanismos, basados en la autonomía de la voluntad, que tratan de lograr las misma eficacia y protección. Estos mecanismos son los denominados "ADR" (del ingles Alternative Dispute Resolutions) y que engloban al conjunto de mecanismos alternativos a la resolución judicial de conflictos, y que tratan de romper la dinámica tradicional de vencedor-vencido y lograr un satisfacción conjunta de pretensiones e intereses. En España nos encontramos con los siguientes mecanismos de ADR, con un mayor o menor desarrollo:

a) **Arbitraje.** Mecanismo de resolución de conflictos heterocompositivo, en el que las partes encomiendan a un tercero, denominado arbitro, la función de decidir sobre la cuestión controvertida, dejando en manos jurisdiccional la ejecución forzosa de la decisión o laudo arbitral. Esta vía esta regulada en la Ley 60/2003, de 23 de diciembre de Arbitraje.

b) **Conciliación.** Mecanismo autocompositivo de solución de conflictos, en que un tercero, publico o privado, aproxima posturas en aras a la consecución de un acuerdo. Tanto en materias civiles como laborales es una vía gran tradición en nuestro Derecho, pero cuyo éxito ha sido desigual.

c) **Mediación.** Método autocompositivo en el que son las partes las que se dotan de sus propios acuerdos, siendo un método de reciente implantación en España.

d) **Transacción**. Se basa en la libertad de partes para llegar a acuerdos y encuentra su respaldo legal en el artículo 1809 del Código Civil.

e) **Defensores.** Figuras de carácter institucional (por ejemplo el Defensor del Pueblo, o los Defensores del Pueblo a nivel autonómico) que si bien no entran a resolver las cuestiones suscitadas, su prestigio e intervención institucional contribuye a solucionar conflictos de diversa índole relacionados con el funcionamiento de los servicios públicos.

f) **Negociación.** Las partes asistidas de sus asesores tratar de llegar a un acuerdo que ponga termino al conflicto planteado.

Estos mecanismos pueden clasificarse en *autocompositivos* o *heterocompositivos,* según sean las propias partes las que se dotan de la correspondiente solución (por ejemplo la mediación o la transacción) o sea un tercero quien la suministra (por ejemplo el arbitraje).

4.
LA MEDIACIÓN

4.1. Concepto

La mediación según la Directiva de 21 de mayo de 2008[2] puede ser definida como "Procedimiento estructurado, sea cual sea su nombre o denominación, en el que dos o más partes en un litigio intentan voluntariamente alcanzar por sí mismas un acuerdo sobre la resolución de un litigio con ayuda de un mediador".

La mediación es un proceso de resolución de conflictos en el que las dos partes enfrentadas recurren «voluntariamente» a una tercera persona «imparcial», el mediador, para llegar a un acuerdo satisfactorio. Es un proceso extrajudicial o diferente a los canales legales o convencionales de resolución de disputas, es creativo, porque mueve a la búsqueda de soluciones que satisfagan las necesidades de las partes, e implica no restringirse a lo que dice la ley. Además, la solución no es impuesta por terceras personas, como en el caso de los jueces o árbitros, sino que es creada por las partes (Rozenblum, 1998)[3].

VINYAMATA CAMP la define como: "el proceso de comunicación entre partes en conflicto con la ayuda de un mediador imparcial, que procurará que las personas implicadas en una disputa puedan llegar, por ellas mismas, a establecer un acuerdo que permita recomponer la buena relación y dar por acabado, o al menos mitiga-

---

2 DIRECTIVA 2008/52/CE DEL PARLAMENTO EUROPEO Y DEL CONSEJO de 21 de mayo de 2008 sobre ciertos aspectos de la mediación en asuntos civiles y mercantiles.

3 DE ARMAS HERMANDEZ, M, "La mediación en la resolución de conflictos", en *Educar 32*, Barcelona 2003, p. 126.

do, el conflicto, que actúe preventivamente o de cara a mejorar las relaciones con los demás".

ZIEGLER refleja la mediación como: "un proceso en el cual las partes en conflicto se comunican con la ayuda de un mediador neutral con el objeto de finalizar su conflicto".

La Exposición de Motivos de Ley 5/2012, de 6 de julio, de Mediación en Asuntos Civiles y Mercantiles, dispone:

> "Una de las funciones esenciales del Estado de Derecho es la garantía de la tutela judicial de los derechos de los ciudadanos. Esta función implica el reto de la implantación de una justicia de calidad capaz de resolver los diversos conflictos que surgen en una sociedad moderna y, a la vez, compleja."

4.2. Caracteres

Los caracteres más importantes de la mediación son los siguientes:

a) **Voluntariedad de las partes.** Tanto su iniciación como su terminación mediante acuerdo es voluntad de las partes, no una imposición de terceros.

b) **Confidencialidad.** Es una exigencia de todo proceso de mediación a fin de que las partes pongan en juego sin reservas todos las cuestiones objeto de controversia. Esta necesidad de reserva que alcanza a las partes y al mediador suele estar recogida en todos los ordenamientos jurídicos.

c) **Neutralidad.** Que el mediador deberá mantener en todo momento respecto a las partes e intereses en juego.

d) **Carácter no adversarial.** La mediación no contempla a las partes como contrarios sino como cooperadores necesarios en la solución del conflicto.

4.3. Clases

Existen múltiples clasificaciones de la mediación, a continuación vamos a recoger a titulo de ejemplo algunas de ellas:

a) **Mediación individual o comunitaria.** Atendiendo a que las partes en conflicto sean personas o grupos.

b) **Mediación pública o privada.** En función de si el servicio de mediación es prestado por una persona pública o privada. Nuestro sistema contempla ambas.

c) **Mediación Individual o Co-mediación**. En función a la intervención de uno o varios mediadores, siendo la tendencia actual por esta última con perfiles profesionales complementarios.

d) **Mediación extrajudicial o intrajudicial**. Según se desenvuelva fuera o dentro del proceso judicial. En el ámbito civil y laboral se recogen ambas, y en penal y contencioso-administrativo se esta avanzado en el plano intrajudicial.

e) **Mediación formal e informal**. Atendiendo al grado de formalización del proceso de mediación.

5. HERRAMIENTAS DE LA MEDIACIÓN. LA NEGOCIACIÓN

5.1. Introducción

Aunque no estemos muy conscientes de ello, pasamos gran parte de nuestras vidas negociando. Negociamos de niños a través del llanto, negociamos con mayor o menor éxito en nuestra vida familiar, social o laboral aunque a veces no lo percibamos como tal.

Como profesionales, muy frecuentemente nos corresponde negociar complejos asuntos en propio nombre o en representación de otros. Resulta asombroso que a pesar de la importancia de la negociación y su necesario uso diario, especialmente en el campo profesional de la mediación, abogacía..., poca o ninguna formación recibidos al respecto, ni en la formación reglada ni con posterioridad[4].

Los profesionales negociamos a diario, lo que nos lleva al convencimiento de que somos unos expertos en negociación, lo cual no es del todo cierto como veremos a continuación, porque negociar, negociamos todos, lo difícil es hacerlo bien[5].

---

[4] Esta situación no es muy distinta en el ámbito mundial. Apenas a finales de la década de los 70 y comienzos de los años 80, la Universidad de Harvard, y muy especialmente el Profesor Roger Fisher junto a William Ury, y otros profesores de la Escuela de leyes de dicha Universidad, logran sistematizar un método de negociación según principios que pueden ser aplicados a cualquier tipo de negociación. Max H. Bazerman y Margaret A. Neale, señalan que a principios de los años 80, los cursos de negociación eran escasos, ahora, en cambio, se encuentran entre los que tienen más demanda en los Estados Unidos de América. Estos autores también explican las principales razones por las cuales, en su criterio, la negociación ha tenido tanto auge. Cfr. BAZERMAN Max H., y NEALE Margaret A.; *Negociación racional en un mundo irracional*, Piados Empresa 20, 1993, Primera Reimpresión 1997, p. 11 y ss.

[5] FISHER Roger; URY William, y PATTON Bruce; *Sí... ¡de acuerdo! Cómo negociar sin ceder*, Grupo Editorial Norma, Sda Edición, Colombia 1994, p. 18.

Negociar bien supone, no obtener el mejor acuerdo para una de las partes, o cualquier acuerdo, sino uno que satisfaga en la mayor medida a las partes involucradas. Por que si el acuerdo no es bueno es mejor no buscarlo y optar por la mejor alternativa fuera de la negociación[6].

5.2. Nociones básicas de la negociación

A continuación voy a recoger una serie de nociones o cuestiones básicas en materia de negociación:

a) Concepto de negociación

En un sentido restringido, la negociación puede ser definida como un proceso mediante el cual las partes, procuran alcanzar un acuerdo que satisfaga, en mejor medida, los resultados e intereses particulares deseados, en lugar de recurrir a otra alternativa menos atractiva y beneficiosa.

b) Acuerdo optimo

El economista italiano Wilfredo Pareto (1848-1923) definió la medida de un resultado *óptimo* como la situación alcanzada en la que a nadie le podría ir mejor, salvo que a alguien le vaya peor[7]. En contraste con lo jurídicamente justo el acuerdo óptimo persigue lograr el mejor acuerdo en términos cualitativos y cuantitativos para las

---

6 Se atribuye a los profesores FISHER y URY el concepto de "BATNA" (en ingles) o MAAN en español: "Mejor Alternativa al Acuerdo Negociado". La MAAN o Plan "B", es la brújula que nos indica las fronteras de la negociación porque nos marca los límites en torno a cuándo estamos en presencia de un posible buen acuerdo que debemos aceptar y cuándo no. Asimismo, la MAAN es una fuente de poder, pues, en la medida que mejor sea nuestra alternativa en caso de que falle la negociación, mayores posibilidades tendremos de "educar" a nuestro adversario durante el proceso de negociación sobre las eventuales consecuencias que se darían para ambos en caso de no llegar a un acuerdo.

7 Extraído del material de clase del Workshop de Negociación, CMI International Group, Harvard University, Cambridge, Massachussets, 2000.

partes, en el mejor trueque de intereses que muchas veces no tiene que ver con la justicia o la equidad.

c) La negociación es una ciencia y un arte

Aunque sobre todo desde los estudios de la Escuela de Harvard se considera la negociación como una ciencia con sus bases y postulados, algunos autores también lo consideran como un arte[8], ya que si bien se aprende no es menos cierto que al igual que otras actividades de la vida el virtuosismo no solo esta ligado al aprendizaje sino también a una serie de cualidades innatas.

d) Intereses en juego

En muchas negociaciones la preocupación de las partes se centra más en obtener concesiones por la otra parte que en satisfacer sus propios intereses. En toda negociación es necesario deslindar los intereses en juego, que no siempre serán contrapuestos, y tratar de satisfacer con el acuerdo en la mayor medida posible los mismos.

Más que dividir o fraccionar lo que se debe es agrandar el pastel a repartir para así lograr una mayor satisfacción de intereses. La negociación debe combinar conflicto con colaboración, si solo nos centramos en la derrota del contrario olvidaremos en muchas ocasiones los intereses propios.

5.3. Negociación distributiva: Concepto y clases

5.3.1. Concepto

En la negociación distributiva, cada parte centra sus esfuerzos en lograr del contrario el mayor número de concesiones, siendo más exitosa cuando mayores sean las mismas. No se busca una satisfacción bilateral sino la propia basada en el menor número de conce-

8 RAIFFA Howard; The Art and Science of Negotiation, how to resolve conflicts and get the best out of bargaining. Harvard University Press. Sixteenth printing, 2002.

siones, que solo se hacen para obtener un beneficio mayor. Los caminos para lograr estos resultados son muy diversos dando lugar una a varios tipos de negociación que abordaremos en el apartado siguiente.

5.3.2 Clases

La negociación distributiva persigue lograr del contrario el mayor número de concesiones, cifrando el éxito de la misma en su número. Es una negociación que trata de conseguir concesiones por la otra parte, utilizando dos tipos del estilo, la negociación dura o la suave, pero siempre con le objetivo inicial.

a) *Negociación dura*. Cada parte considera a la otra como un adversario a derrotar y obtener el mayor numero de concesiones y trata de lograrlo desde una posición inmovilista y amenazante, haciendo pequeñas concesiones para forzar un acuerdo satisfactorio.

b) *Negociación suave*. Con el mismo objetivo que la anterior trata al contrario con una actitud amigable con un estilo *cordial* o *manipulador,* pero con la intención clara de obtener la mayor concesión posible desde la diplomacia o manipulación de las cuestiones discutidas.

5.4. Negociación integrativa. Concepto y caracteres

5.4.1. Concepto

Este tipo de negociación atiende sobre todo a los intereses en juego, por lo que no desconociendo las posiciones contrarias o adversas de las partes, profundiza en los mismos, y se centra más que en la concesión en la satisfacción de los propios intereses y los de la otra parte.

Se centra tanto en los intereses propios como ajenos como vía segura de encuentro o acuerdo. Tomando en consideración no solo los intereses propios sino también los de la otra parte la posibilidad de éxito en el acuerdo es mayor.

5.4.2. Caracteres

La negociación integrativa presenta, sin perjuicio de matizaciones, una serie de caracteres que conviene resaltar:

a) **Separación del problema de las personas.** Este tipo de negociación requiere un esfuerzo en separar el problema objeto de controversia de las partes que lo protagonizan como paso previo para lograr un acuerdo. Esta separación, que no es fácil, facilita tremendamente el acuerdo ya que elimina muchas implicaciones personales que muchas veces llevan a un callejón sin salida a la negociación. Se trata de ser duro con el problema y suave con las personas, el quid de la cuestión no es la resolución de conflictos personales sino la resolución de un problema que suele provocar o ir acompañado de los mismos.

b) **Trueque de intereses.** A menudo las partes renuncian a la satisfacción plena de sus intereses porque suponen que deben ceder en algo para llegar a un acuerdo. Cuando las dos partes quieren lo mismo, a menudo se conforman con un resultado diferente[9]. Ceder e intercambiar intereses son conceptos distintos. En las negociaciones *integrativas* se pueden llegar a trueques creativos y mutuamente beneficiosos, en donde las partes no se preocupan por *"distribuir el pastel"*, sino por encontrar alguna forma de *agrandarlo*. Ello se logra cuando las partes, luego de precisar sus intereses y generar opciones creativas, aceptan conceder una cuestión que tiene mucho más valor para la otra parte, a cambio de recibir otra que es la que más le interesa. Y si bien este tipo de negociación requiere cierta *cooperación*, ésta rápidamente se logra cuando, el adversario percibe que a través de una

[9] BAZERMAN Max H., y NEALE Margaret A.; *Negociación racional en un mundo irracional*, Piados Empresa 20, 1993, Primera Reimpresión 1997, p. 43.

solución *integrativa* puede satisfacer la totalidad o gran parte de sus intereses recibiendo lo que para él es indispensable y concediendo algo que no representa mayor sacrificio[10]. Paradójicamente, son las propias diferencias (de ciertos intereses) las que una vez descubiertas facilitan el acuerdo[11].

En este sentido, el ejemplo clásico de la naranja utilizado en los cursos de negociación de la Universidad de Harvard, nos ayuda a desvirtuar ese mito[12]: Dos niños hermanos se disputan la única naranja existente en la casa y al no ponerse de acuerdo, se inicia una acalorada discusión. La madre al escuchar la disputa se acerca y como no encuentra argumentos que claramente le den la razón a alguno de los niños, resuelve equitativamente cortar la naranja en dos, obteniendo cada niño una mitad. Ciertamente, de esta manera, la madre pone fin al conflicto imponiendo a cada uno de los niños reciprocas concesiones y reduciendo sus respectivas pretensiones al 50%. Se piensa así que fuera de este modo típico de transacción, sólo a través del empleo de un mecanismo adversarial, como podría ser

---

10 Para un análisis sobre las tensiones que se producen en la dinámica de crear valor en las negociaciones y distribuirlo véase MNOOKIN Robert H.; PEPPET Scott R.; TULUMELLO Andrew S.; *Beyon Winning, Negotiating to create value in deals and disputes*, Belknap Press of Harvard University Press, Cambridge, Massachusetts, London, England, 2000, p. 11 y ss.

11 MEZGRAVIS Andrés, "Negociación: Herramienta básica para el abogado del siglo XXI ", en Libro Tendencias Actuales del Derecho Procesal, Constitución y Proceso, UCAB 2006, p. 9.

12 Si bien es cierto -y corresponde reconocer con justicia- que el 'ejemplo de la naranja' ha sido difundido en especial a través de los Seminarios de Negociación de la Universidad de Harvard, no es menos cierto que existen opiniones encontradas sobre su autoría. El ejemplo es citado por *Fisher, & Ury* en el libro *Sí, de Acuerdo...* (primera edición, 1981, p. 67) como el caso de los 'famosos chicos (*proverbial kids*) que peleaban por una naranja'. Desde antes de esa fecha, existe un caso práctico llamado 'The Ugly Orange Case' elaborado en 1973 por Robert J. House, que utiliza la misma imagen de la naranja para resolver un conflicto de salud pública. Otros lo adjudican a *Mary Parker Follet*, quien fue pionera de estas ideas a comienzos del siglo. Puede verse además, *Experiences in Management and Organization Bahavior* compilado por D. T. Hall, D.D. Bowen, Roy J. Lewicki y F. S. Hall, segunda edición, Nueva York, ed. John Wiley and Sons, 1982 (130-13) citado también en *A. Manual for Group Facilitators* publicado por el Center for Conflict Resolution. También Padilla, Roberto E. : 'Un cambio de mentalidad : negociación y solución de conflictos', diario La Nación, 14 de julio de 1993, p. 7," citado por CAIVANO; GOBBI y PADILLA ob cit, Nota N° 92, p. 83.

el ámbito judicial o un arbitraje, es que alguna de las partes podría obtener el 100% de sus pretensiones. Se cree que sólo, luego de derrotar al adversario, demostrando en el respectivo proceso la prioridad en la tenencia de la cosa, o un mejor derecho sobre ésta, es que se podría alcanzar el 100% de lo que se demanda.

Sin embargo, si la madre en lugar de proceder a cortar la naranja, interroga a cada uno de los niños para indagar cuáles en realidad son los intereses que subyacen bajo sus posiciones, específicamente preguntándoles ¿para qué quieren la naranja? se podría sorprender al averiguar que uno de ellos la quiere para extraer de ella el jugo, y el otro la quiere para jugar con las cáscaras. Nótese que al descubrirse estos intereses disímiles, se podría satisfacer en un 100% las pretensiones de ambos niños sin ningún tipo de desperdicio.

Es fácil comprender por qué resulta conveniente explorar la posibilidad de acudir a la negociación *integrativa* aunque tengamos certeza de que podemos vencer a nuestro adversario, Este tipo de negociación permitirá alcanzar mejores resultados, no sólo cuantitativos, sino también cualitativos.

5.5. Modelo de negociación de Harvard. Elementos

La Universidad de Harvard, inició en los años 80 un "Proyecto sobre negociación" encabezado por el profesor Roger Fischer quien junto a Willian Ury y Bruce Patton, luego publicaron un libro titulado Sí.. ¡de acuerdo! cómo negociar sin ceder. Este Proyecto, que tenía por objeto analizar las principales características de los negociadores exitosos, tiene el mérito de haber logrado sistematizar las bases de la teoría de la negociación moderna. Toda la literatura posterior en materia de negociación de alguna manera u otra, se fundamenta en sus postulados. Uno de los primeros aspectos que enseñan los resultados de este Proyecto, es que la respuesta a la pregunta de si es más efectivo el estilo suave o duro, es "ni lo uno ni lo otro", resaltando así la existencia de otro tipo y estilo de negociación: Suave con las personas y duro con el problema. Esta estrategia de negociación procura soluciones *integrativas* con base a principios o méritos, separando a las personas o negociadores del problema, y siendo entonces cordiales con éstas y firmes con el problema. Sugiere que se busquen ventajas mutuas, que se exploren los intereses que subyacen en las posiciones e insiste en que la opción que se escoja para lograr el acuerdo se base en una referencia objetiva, independiente de la voluntad de las partes. La relación de las partes, la comunicación que se debe desarrollar y la alternativa que se tiene si no se logra el acuerdo, son los otros elementos presentes en este método. Nos enseñan estos profesores que si bien cada negociación es diferente, estos elementos básicos no cambian[13].

Este método no emplea trucos ni falsas apariencias. Puede ser utilizado en negociaciones internacionales entre Estados, con grupos insurgentes; entre comerciantes, o entre parejas que quieren divorciarse o simplemente quieren decidir a dónde ir de vacaciones. Este método resulta aplicable a cualquier tipo de desacuerdo. No importa que la otra parte tenga o no experiencia en negociación, ni tampoco si es un negociador duro o manipulador. Al contrario de lo que ocurre con otras estrategias, si el otro lado también la conoce no es más difícil utilizarla, sino más fácil[14].

Este modelo consta de siete **elementos básicos** que determinan cuando una negociación tiene éxito o no. Estos elementos de un modo sintético serían los siguientes:

a) **La relación.** Cuanto más se mejore la relación entre las partes mayor será la posibilidad de acuerdo, de aquí el axioma anteriormente abordado de separar el problema de las personas.

b) **La comunicación.** Muchas veces es la falta de comunicación entre las partes la que dificulta notablemente el acuerdo. Si se mejora la misma y se generan cauces o vías de comunicación confiables se facilita considerablemente la negociación.

c) **Los intereses.** Deben ponerse sobre la mesa todos intereses en juego contrapuestos o no de las partes, siendo su satisfac-

---

13 MEZGRAVIS Andrés, "Negociación: Herramienta básica para el abogado del siglo XXI ", en Libro Tendencias Actuales del Derecho Procesal, Constitución y Proceso, UCAB 2006, p. 12.

14 FISHER r., URY W., Y Patton b., ob, cit. p. 19.

ción mutua y no unilateral una de las claves del éxito de este modelo de negociación.

d) **Opciones.** Las partes deben realizar un verdadero esfuerzo a fin de buscar soluciones o alternativas de satisfacción mutua de intereses, a través de herramientas como "la tormenta de ideas" o similares. Sin esfuerzo en la búsqueda de soluciones es difícil el acuerdo.

e) **Legitimidad.** A la hora de llegar a un acuerdo en muy útil buscar referentes que legitimen las posiciones e intereses de las partes, como sería por ejemplo una tasación independiente, un índice oficial, un informe de una entidad independiente sobre la cuestión a discutir, etc.

f) **Compromisos.** Los compromisos son acuerdos verbales o escritos a los que llegan las partes durante la negociación sobre aspectos procedimentales o de fondo sobre la cuestión controvertida y cuyo cumplimiento facilita el éxito de la misma y la consecución del acuerdo.

g) **Alternativas.** Son las distintas posibilidades de actuación de las partes en el caso de no llegar a un acuerdo. En principio la negociación debe perseguir la obtención de algo mejor a lo que se podría obtener sin acuerdo y a través de otras vías. Las partes deben tenerlo presente antes de iniciar cualquier proceso. Es lo que denomina por parte de la doctrina Mejor Alternativa al Acuerdo Negociado ("MAAN" en español, "BATNA" en ingles)[15].

5.6. Tácticas desleales de negociación. ¿Cómo combatirlas?

Es muy común que en las negociaciones alguna de las partes que utiliza el estilo de negociación distributivo - duro o manipulador- se sirva de tácticas desleales. Estas tácticas pueden ser contrarias a la ley, a la ética o simplemente desagradables, y se suelen utilizar

15 Extraído del material de clase del Workshop de Negociación, CMI International Group, Harvard University, Cambridge, Massachussets, 2000.

porque en anteriores negociaciones a dado resultados satisfactorios obteniendo de la otra parte un mayor número de concesiones.

5.6.1. Clases de tácticas desleales

Aunque la tipología de las mismas puede ser tan rica como la casuística en la que se desarrollan la mayor parte de la doctrina señala al menos tres categorías muy definidas:

a) **Tácticas de atrincheramiento**. Son las que denomina URY como "Muros de piedra", y son las que emplea la parte que muestra una posición inflexible e intransigente mostrando como única solución al conflicto la aceptación de su posición. Parte de posiciones unilaterales como postulados o hechos consumados no susceptibles de variación o negociación.

b) **Tácticas de intimidación**. Tratan de provocar en la otra parte una sensación de inferioridad que provoque el mayor número de cesiones posibles. Persiguen una victimización de la contraparte a fin de debilitar su posición.

c) **Tácticas de engaño.** Son tácticas que a través de engaños y artimañas tratar de doblegar la voluntad de la otra parte en aras a conseguir el mayor beneficio posible. Se manipula por ejemplo la información con cifras engañosas para obtener concesiones de la otra parte.

Todas estas tácticas persiguen obtener de la otra parte la mayor cantidad de cesiones posibles, radicando gran parte de su éxito en el desconocimiento de las mismas. Por otra parte su descubrimiento e identificación son una de las principales vías de neutralización.

5.6.2. Neutralización

El empleo de tácticas desleales en la negociación es algo habitual, saber neutralizarlas es algo mucho más difícil, que requiere de cierta metodología y disciplina. A continuación vamos a recoger varias técnicas para combatir dichas tácticas:

a) **Controlar nuestras reacciones.** Con las tácticas desleales el contrario trata de de debilitar nuestra voluntad, descolocarlos. Lo importante en estos casos es controlar nuestras emociones y evitar alguna de estas tres reacciones:

   – ***Contraatacar.*** Reacción no recomendable de cara a un acuerdo porque supone una escalada del conflicto y en muchas ocasiones es un terreno en el se desenvuelve mejor el contrario que nosotros.

   – ***Ceder.*** Se debe ceder frente a posiciones objetivas y legitimas no ante presiones, intimidaciones o tácticas desleales. Muchas veces se piensa que esta cesión rebajara la escalada del conflicto y que se reconducirá el acuerdo, nada más lejos de la realidad, normalmente la cesión empoderar a una de las partes y provoca un desequilibrio en la negociación.

   – ***Romper la negociación.*** Decisión visceral que un momento determinado puede parecer la más correcta pero que luego puede ser lamentada por las partes.

b) **Negociar el procedimiento antes que el fondo.** Es importante negociar antes la forma que el fondo de la negociación ya que facilita considerablemente la comunicación y la relación y por ende las posibilidades de acuerdo.

c) **Identificar la táctica y aplicar el antídoto.** El primer paso para combatir una táctica desleal identificarla, y una vez identificada aplicar el correspondiente antídoto.

En el caso de *las tácticas de atrincheramiento*, una vez identificadas lo aconsejable es ponerlas a prueba. Si fueran un táctica la otra parte comenzara a flexibilizar su posición, y si realmente su posición es inamovible deberemos contemplar alternativas al acuerdo y en su caso dar por finalizado el proceso de negociación.

Cuando se trata de *tácticas intimidatorias*, identificadas se debe hacer ver a la otra parte que su estrategia ha sido descubierta, y que no va a ser efectiva, de tal manera que o cambia de táctica o la negociación difícilmente llegará a buen puerto.

Por último ante una *táctica de engaño*, la más difícil de identificar, un consejo muy útil es un examen minucioso de la parte contaría a fin de detectar incoherencias o mentiras y en su caso ponerlas al descubierto con datos objetivos. En toda negociación es necesario ser confiable pero no confiado.

6.
HERRAMIENTAS DE LA MEDIACIÓN II: COMUNICACIÓN Y ESTRATEGIAS

Mónica Ahrendt
Delia García Moratilla

6.1. La comunicación

El motivo principal que lleva a las personas a acudir ante un mediador es el hecho de no ser capaces de llegar a una comunicación eficaz entre las partes en conflicto; es por esta razón por la cual conocer qué es la comunicación y entender cómo podemos comunicarnos de manera funcional está en la base de toda mediación. La comunicación es el pilar que sustenta las habilidades sociales, las cuáles nos van a permitir interaccionar con otros de una manera saludable, de tal forma que cumplamos nuestro objetivo, ser entendido por nuestro interlocutor o interlocutores y viceversa.

Una comunicación eficaz, por tanto, no sólo va a ser fundamental en mediación entre las partes implicadas en un conflicto, sino también va a ser imprescindible su manejo para el facilitador de dicha mediación-el mediador- para logar el objetivo al que se aspira, que ambas partes por sí solas -con la ayuda del mediador- lleguen a entenderse, negociando juntos un acuerdo.

Desde el mismo momento de nuestra concepción va a comenzar nuestra andadura por la comunicación, a partir del primer minuto de vida empezamos a interaccionar con otras personas dado que es una necesidad básica que presentamos por naturaleza como seres sociales que somos. Poco a poco, vamos a ir adquiriendo las principales habilidades y reglas comunicativas a medida que las vayamos poniendo en práctica.

La capacidad comunicativa que presentamos los seres humanos es algo a priori innato ya que todos tenemos el mismo potencial para desarrollarla, no obstante, va a depender de cada uno de nosotros que le saquemos el máximo partido o no, empleándola de forma funcional o disfuncional. Es, por tanto, una capacidad que puede seguirse desarrollando, aprendiendo a utilizarla, de forma que nos resulte más útil y eficaz en nuestras relaciones interpersonales.

El diccionario de la Real Academia Española, en su vigésimo segunda edición (2001) define comunicación con su segunda y tercera acepción como: *"trato, correspondencia entre dos o más personas"; "transmisión de señales mediante un código común al emisor y al receptor"*.

Así pues, podríamos entender la comunicación como el medio por el cuál las personas nos unimos para intercambiar, transmitir o compartir ideas, mensajes, opiniones, emociones, etc.; de esta manera vamos a obtener información del entorno que nos rodea y el entorno que nos rodea va a obtener información sobre nosotros.

Desde la Teoría de la Comunicación Humana, Watzlawick (1967) afirma *"Toda conducta y no solo el habla, es comunicación, y toda comunicación, incluso los indicios comunicacionales de contextos interpersonales, afectan a la conducta"*. Afirmaeste autor que para entender completamente un fenómeno interpersonal es imprescindible analizar el contexto en el que se desenvuelven las personas en cuestión y en el que ocurre dicho fenómeno.

❖ **Axiomas Comunicacionales** (Watzlawick, 1967):

1. **No se puede no comunicar**. Comunicación para Watzlawick es cualquier conducta o comportamiento que adquiere el valor de un mensaje en un contexto de interacción. Todas las conductas en mayor o en menor medida son comunicación, es decir, que tanto hacer o decir algo como no hacerlo, incluyendo los silencios, tendría valor como mensaje, ya que puede ser interpretado por el interlocutor.

2. **En toda comunicación existe un nivel de contenido y un nivel de relación. El contenido es el mensaje que se quiere transmitir y la relación la establecida entre los interlocutores. Según** Watzlawick **la relación es la que va a clasificar al contenido, por lo que va a generar una metacomunicación, definida por Bateson (1958) como** *"la comunicación que habla de la comunicación"*,**o como plantea Souto (2010)** *"cómo interpreto lo que me está diciendo el emisor en función de la relación que comparto con él"*.

3. **La naturaleza de una relación depende de la forma de puntuar o pautar las secuencias de comunicación que cada participante establece.** Cada uno va a puntuar la realidad de forma diferente.

4. **En toda comunicación existe un nivel digital y un nivel analógico.** Cuando hablamos de nivel digital vamos a hacer referencia a la comunicación verbal y cuando hablamos de nivel analógico a la comunicación no verbal.

5. **Todos los intercambios comunicacionales son simétricos o complementarios, según estén basados en la igualdad o la diferencia.**

❖ **Comunicación verbal y no verbal:**

Una de las clasificaciones de la comunicación tal y como apunta el cuarto axioma de la Teoría de la Comunicación es la distinción entre comunicación verbal y no verbal. Sus características serían las siguientes:

- **Comunicación Verbal**: puede realizarse de dos formas -oral o escrita- y dentro de cada una de ellas de diversas maneras. Para poder comunicarnos verbalmente de manera eficaz tanto el emisor como el receptor deben conocer el mismo código en el que se transmite la información.

- **Comunicación No Verbal**: se realiza a través de innumerables signos como pueden ser: sonidos, gestos, imágenes sensoriales, etc. Tipos:

- *Proxémica*: el uso del espacio personal, las distancias.
- *Paraverbal*: aspectos no lingüísticos del lenguaje como pueden ser el tono de voz, la entonación, el ritmo, etc.
- *Kinesia*: los movimientos corporales yla expresión facial.
  - *Emblemas*: tienen sentido dentro de una cultura. Representan una palabra o una expresión hecha (e.g., OK, puño cerrado con el pulgar levantado hacia arriba o STOP, palma de la mano abierta y mirando hacia el frente o agitar la mano en señal de despedida).
  - *Reguladores*: regulan la conversación, sirven para tomar el relevo en la misma. (ej., indicaciones de cabeza y mirada fija).
  - *Adaptadores*: ajuste corporal, es un modo de expresar las emociones (ej., mover la pierna cuando estamos nerviosos).

Las investigaciones realizadasapuntan que la comunicación no verbal influye en mayor medida en la comunicación, en concreto alrededor de un 93% -incluyendo la proxémica, lo paraverbal y la kinesia-, ocupando lo paraverbaluna parte importante de dicha cifra, mientras que la comunicación verbal giraría alrededor de un 7%, en contra de lo que podríamos estimar a priori. No obstante, estos datos no quieren decir que la comunicación verbal carezca de importancia, ya que ambos tipos -tanto lo verbal como lo no verbal- son fundamentales para establecer una interacción eficaz.

La no verbal complementa a la verbal, permite la expresión emocional y actitudinal, por lo que va a ser imprescindible en cualquier intercambio comunicacional, como es un proceso de mediación. Si ambas entran en una contradicción va a prevalecer siempre la no verbal, probablemente porque implica un procedimiento más básico que requiere de menor procesamiento ya que con los sentidos procesamos la información más rápido que con la codificación y decodificación del lenguaje.

❖ **Elementos de la comunicación:**

- **Emisor**: persona que se encarga de codificar el mensaje y transmitirlo.
- **Mensaje**: información que quiere transmitir el emisor.
- **Canal**: medio por el cual se comunican el emisor y el receptor. Puede ser oral, escrito, gestual, etc.
- **Receptor**: persona que se encarga de decodificar el mensaje para recibirlo y entenderlo.

Tanto la labor del emisor como la del receptor son fundamentales, ya que si el emisor envía un mensaje incompresible por el receptor o mediante un canal no apropiado, el receptor no podrá interpretarlo correctamente, y si el receptor no es capaz de decodificar dicho mensaje la comunicación habrá sido ineficaz y probablemente nos encontremos ante una comunicación unidireccional, donde el emisor transmite el mensaje pero no encuentra respuesta al mismo en el receptor. Esto quiere decir, de acuerdo a lo planteado por la Teoría de la Comunicación, que no solo es importante el efecto producido por el emisor sobre el receptor, sino también el efecto que la reacción del receptor tiene sobre el emisor. Para que la comunicación sea eficaz es imprescindible que sea bidireccionalidad, es decir, que el receptor al mismo tiempo se convierta en emisor y el emisor en receptor respectivamente.

En cualquier caso, no siempre el receptor va a decodificar el mensaje de la misma manera que el emisor lo codificó, porque existe otra variable mediadora que entra en juego: la percepción. Tal y como afirman Cornelius y Faire (1995): *"el mensaje que se percibe no siempre es el que se envía"*.

Ante una misma situación cada uno de nosotros hacemos una interpretación diferente. Si hubiera una realidad objetiva la comunicación nos resultaría mucho más fácil; pero al no haberla, al percibir estamos construyendo nuestra propia realidad individual –subjetiva-, por lo que se convierte en imprescindible que nos hagamos conscientes de que el receptor no tiene porqué entender las cosas de la misma manera que las entendemos nosotros como emisores y viceversa.

Esto va a producir consecuencias en nuestras relaciones con el entorno y en la forma de comunicarnos con el mismo. Es decir, en función de cómo percibe e interpreta el receptor lo que le transmite el emisor así va actuar con éste, proporcionándole una retroalimentación (feedback) y, a su vez, el emisor-convertido en receptor- percibe e interpreta el mensaje enviado por el receptor -convertido en emisor- actuando en función de la interpretación que hace. De tal forma que se produce una circularidad entre ambos, una comunicación bidireccional, dando lugar a una influencia mutua entre los interlocutores, en la que cada uno va a modificar su comportamiento en función del comportamiento del otro.

Este proceso va a resultar especialmente importante en la mediación porque es probable que la percepción e interpretación de las actuaciones entre las partes sea negativa y, por consiguiente, puede conllevar al mismo tiempo a actuaciones disfuncionales por ambas partes dando lugar a la circularidad, en este caso negativa, mediante la cual no es posible llegar a una comunicación saludable.

Uno de los objetivos a tener en cuenta en el proceso de mediación es la modificación de esa circularidad nociva, convirtiéndola en una interacción efectiva, señalándoles a las partes la importancia del efecto que tienen sus conductas en el otro y viceversa.

Las emociones están relacionadas con la percepción y van a estar presentes en toda interacción interpersonal, incluyendo los conflictos, y contribuyendo al desarrollo de los mismos y, por tanto, también a su resolución. Es por ello que van a jugar un papel importante dentro de cualquier conflicto y, por ende, dentro de la mediación. El tono hedónico de las emociones que suelen aparecer en mediación predominantemente es negativo. Algunas de las emociones con las que nos podemos encontrar como mediadores son: ira, frustración, desconfianza, miedo, rechazo, resentimiento, etc.

Como mediadores tenemos que tener presente que las emociones son importantes ya que producen efectos relevantes en las personas y van a aportar información muy valiosa, siendo imprescindible aprender a manejarlas, no sólo con las partes implicadas en el conflicto sino también el propio automanejo de las mismas.

De acuerdo a Cornelius y Faire (1995) "*Las emociones pueden abrumarnos y hacernos perder el control...el desarrollo de la capacidad de manejar emociones consiste en ponernos en contacto con ellas para encauzar su energía en una dirección positiva*".

Es por ello por lo que el primer paso a seguir es reconocer la emoción que estoy sintiendo en cada momento del proceso, de dónde procede, en qué medida me está afectando y hacia dónde la estoy dirigiendo. Posteriormente, una vez se ha reflexionado sobre estos aspectos, es fundamental dar salida a dicha emoción expresándola de forma funcional, sin direccionarla hacia otras personas que no sea nosotros mismos y procurando expresarlas a medida que vayan apareciendo -sin acumularlas-, ya que la acumulación puede dar lugar al estallido emocional y, en este punto, es mucho más complicado ejercer un control sobre ellas ya que adquieren mucha más fuerza.

Es importante reforzar la expresión emocional, que en la mayoría de las ocasiones va a suponer un gran esfuerzo a las partes. En este punto es fundamental tolerar, respetar y escuchar de forma activa la descarga emocional del otro.

Como mediadores, seguimos siendo personas sociales y, por tanto, seguimos sintiendo emociones, durante la mediación nos pueden surgir emociones que pueden logar posicionarnos con una de las partes, entrar en disputas con alguna de ellas, etc. Si llegáramos a este punto estaríamos violando una de las características fundamentales que debe presentar todo mediador, la neutralidad, es por ello igual de importante aprender a manejarlas una vez hayamos tomado conciencia de las mismas para poder lograr el autocontrol.

- **Estilos comunicativos**

Generalmente nuestra forma de interaccionar con los demás permanece más o menos constante, aunque hay una tendencia que puede variar en función del interlocutor con el que nos estemos comunicando o de los contextos específicos donde interactuemos. En el siguiente continuo nos podemos situar en distintos puntos:

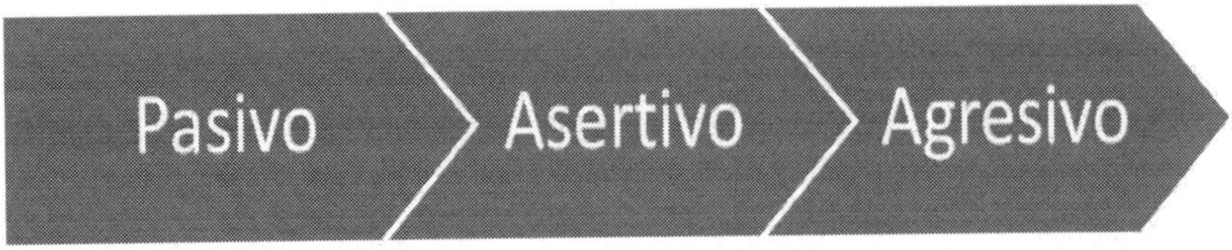

- **Pasivo**: si nos situamos en uno de los extremos del continuo nos encontramos el estilo pasivo o también llamado inhibido. Las personas que tienen la tendencia a relacionarse con los demás a través de este estilo comunicacional van a respetar los derechos de sus interlocutores dotándoles de prioridad ante sus propios derechos. Van a estar cohibidos pensando en dar una buena imagen a los demás y acomodándose a lo que estos quieran aunque no sea compartido por ellos con tal de no generar ningún tipo de conflicto, por lo que no darán a conocer sus pensamientos, emociones y necesidades y, si lo hacen, será mostrando muchas inseguridades y disculpándose por ello. A nivel no verbal se caracterizan por: timidez, inseguridad, mirada baja, bajo tono de voz, etc. Este estilo no va a resultar funcional ya que se perjudican a sí mismos y los demás se pueden aprovechar de ellos.
- **Agresivo**: desde el otro extremo del continuo nos vamos a encontrar con lo opuesto al estilo pasivo, con personas con una tendencia agresiva a la hora de interactuar con otros, en los que defienden a toda costa sus derechos sin tener en cuenta en ningún momento los derechos de los demás, aunque les lleve a perjudicar gravemente al otro. Impondrán su propio criterio, pensamientos, etc. a través de la dominación de los otros, pero a la larga las consecuencias también serán negativas. Aunque a corto plazo consiga sus objetivos a largo plazo su entorno se distanciará de él. A nivel no verbal se caracterizan por: invasión del otro, tensión corporal, tono de voz elevado, interrupciones al otro, humillaciones y amenazas, etc.
- **Asertivo**: en un punto intermedio se situarían las personas asertivas. Presentan una tendencia a relacionarse con los demás respetando sus derechos personales –opinando abier-

tamente, expresando emociones, intereses, etc.- y, al mismo tiempo, respetando los derechos de los demás. Con la práctica de este estilo comunicativo tanto estas personas como sus interlocutores salen ganando y se posibilitan los acuerdos entre ambos, de tal manera que sería el estilo más saludable de los tres. A nivel no verbal se caracterizan por: seguridad, mirada a los ojos, relajado, tono de voz adecuado, etc.

Es evidente que el estilo de comunicación con el que con mayor probabilidad se llegará a alcanzar un acuerdo en la mediación es el asertivo, nuestra labor como mediadores es indicarles a las partes en conflicto qué consecuencias positivas se logran interactuando a través de este estilo y enseñarles a ponerlo en práctica durante todo el proceso.

❖ **Barreras en la comunicación:**

A lo largo de los distintos intercambios comunicativos nos podemos encontrar con diversas barreras, algunas de ellas pueden tener que ver con factores personales o psicológicos (cultura, valores, prejuicios, etc.), otras están más asociadas a lo físico o el ambiente (ruidos, distancias, medios de comunicación empleados, etc.) o barreras semánticas (interpretaciones incorrectas, etc.).

Es importante conocerlas, analizar si está presente alguna de ellas en el momento actual y tenerlas en cuenta ya que son las responsables en la mayoría de los casos de las comunicaciones disfuncionales, de esta forma podremos modificarlas en los casos en que sea posible para lograr el objetivo de las partes en conflicto, la comunicación eficaz.

En resumen, uno de los conflictos que pueden dar lugar a necesitar la ayuda de un mediador o mediadores son los conflictos comunicacionales cuya etiología parte de un mal entendimiento entre las partes implicadas en el mismo (causado porque el emisor haya codificado incorrectamente el mensaje, el receptor no lo haya decodificado correctamente, etc.). Si el único conflicto presente en la interacción fuera el comunicacional sería relativamente sencillo solucionarlo, lo más común es encontrarnos otros tipos de conflictos además del comunicacional, como conflictos de relación, de valores, de intereses, estructurales. Cuantos más tipos de conflicto estén en juego, mayores dificultades nos encontraremos a la hora de resolverlos.

Por tanto, la comunicación, al igual que los conflictos, podríamos decir que son como un iceberg, sólo vemos una pequeña parte del total que lo compone (el conflicto explícito, los comportamientos, lo que dicen las partes, etc.), el resto permanece oculto bajo la superficie y estaría más relacionado con nuestras creencias, emociones, intereses, motivaciones, forma de percibir las cosas, etc.

Es imprescindible para poder lograr una buena comunicación y como consecuencia una resolución eficaz de los conflictos adentrarnos de una forma más profunda en la base del iceberg para ver más allá de lo evidente, atendiendo con los sentidos al 100%.

6.2 Técnicas para facilitar la comunicación

Tal y como acabamos de ver, el manejo de la comunicación es un factor imprescindible en la mediación. Conocer las posibles barreras, cómo sortearlas, cuál es el nuestro estilo comunicativo y el de cada una de las partes, es un paso previo que debemos dar si queremos desarrollar el proceso de mediación de forma efectiva.

En este apartado vamos a ver, por un lado, las habilidades comunicativas que posee un buen mediador y, por otro, los errores que podemos cometer si no percibimos adecuadamente nuestra forma de comunicarnos y la de los demás.

6.2.1 Habilidades comunicativas

Las habilidades comunicativas pueden englobarse dentro del amplio campo de las habilidades sociales, definidas éstas como"*un conjunto de conductas sociales dirigidas hacia un objetivo, interrelacionadas, que pueden aprenderse y que están bajo el control del individuo*" (Hargie y Saunders, 1981).

Así pues, partiendo del estilo de comunicación asertivo anteriormente mencionado, podemos centrarnos en:

6.2.1.1. Escucha activa.- La escucha activa puede ser entendida como *"el esfuerzo físico y mental de querer escuchar con atención la totalidad del mensaje que se emite, tratando de interpretar el significado correcto del mismo, a través del comunicado verbal y no verbal (donde se incluye el paraverbal) que realiza el emisor, e indicándole a través de la retroalimentación lo que creemos que estamos entendiendo"* (Van-Der Hofstand, 2005).

Como vemos, no solo se trata de oír. La escucha activa requiere de una actitud activa por parte del mediador. Hay que realizar un esfuerzo por entender, convertir las palabras en propias y devolver la información a los emisores para comprobar que el proceso se ha realizado correctamente.

Tal y como plantean De Diego y Guillén (2012), *"en muchas comunicaciones se puede venir abajo gran parte del trabajo debido a una falta de habilidad manifiesta por parte del profesional para escuchar con atención"*.

Este proceso activo y bidireccional, a veces choca con nuestra necesidad de responder de forma rápida y eficaz. Detenerse y dejar que el mensaje nos llegue completo es una buena forma de mejorar la comunicación con los demás.Una forma de practicar la escucha activa es teniendo en cuenta los siguientes aspectos:

- Las posibles barreras.- si trabajamos en un entorno ruidoso o sufrimos muchas interrupciones (por el teléfono, etc.), es posible que no seamos capaces de comprender el mensaje en su totalidad y la persona a la que escuchamos sienta que está siendo ignorada.
- Mantener el contacto.- no se trata únicamente del contacto visual, ya que un contacto visual excesivo puede resultar molesto, sino de estar disponible para el emisor. Si realizamos otras tareas mientras nos hablan (como usar el móvil) transmitimos la idea de que lo que nos cuentan no es relevante.
- No dar por sentado lo que nos van a decir.- en ocasiones, creemos saber lo que nos va a decir una persona y no permitimos que finalice su comunicación antes de dar nuestra opinión al respecto. Prejuzgar no suele ser una buena estrategia, puesto

que nuestro interés es que la persona "sienta" que su mensaje es correctamente recibido.

- Darse tiempo para pensar.- cuando ya nos han comunicado un mensaje podemos sentirnos en la obligación de dar una respuesta rápida y, en ocasiones, errónea. Si creemos haber entendido, podemos devolver esa información para corroborar nuestra idea, pero si no lo tenemos claro, es mejor indagar que completar la información que falta con nuestras propias creencias y prejuicios.

Para llevar a cabo la escucha activa, podemos utilizar una serie de técnicas que nos la faciliten y que nos permitan entrenarla:

- ANIMAR Y/O MOSTRAR INTERÉS.- de este modo facilitamos que la persona siga hablando. Para ello podemos usar tanto el lenguaje verbal (pidiendo que nos cuente más) o el no verbal con nuestros gestos o posición.
- CLARIFICAR.- nos ayuda a tener más información y a reducir los posibles equívocos. Se suele hacer con preguntas abiertas que nos permitan comprender mejor lo que nos dicen.
- PARAFRASEAR.- transformamos lo que nos han dicho con nuestras propias palabras. De este modo la persona puede saber que hemos entendido su mensaje, y corregirnos si no fuera así o añadir algo si es relevante. Se pueden emplear fórmulas del tipo: "entonces, tú crees que lo que pasó fue…".
- RESUMIR.- se realiza uniendo la información de hechos y sentimientos, intentando dejar lo esencial para que la persona compruebe que el mensaje ha llegado.
- VALIDAR.- cuando validamos a una persona, estamos reconociendo el esfuerzo que debe suponerle lo que nos está contando y, de este modo, conseguimos que nos proporcione toda la información de interés.

6.2.1.2. Empatía.- existen muchas definiciones de empatía. De forma general, la empatía puede ser definida como la capacidad de experimentar la realidad subjetiva de otra persona, entendiendo las creencias, percepciones, sentimientos, expectativas y necesidades por los que ésta puede estar pasando, y respondiendo en consonancia. Esta capacidad nos permite acercarnos a la persona siempre y cuando nuestro acercamiento sea sincero, auténtico y exista una aceptación incondicional del otro.

No se trata únicamente de saber por lo que pasa el otro sino de transmitir a la persona que tiene la capacidad de superar su situación por sus propios medios y sin ser juzgado.

Es importante separar este concepto del de simpatía, ya que la simpatía implica una vivencia del mundo del otro que lleva a cierto contagio de las emociones percibidas. La simpatía puede requerir de mayor implicación y puede dificultarnos nuestra labor en la mediación.

Ejercitar la empatía exige disposición por nuestra parte y, aun con ella, no siempre conseguiremos ser percibidos como empáticos. Es por ello que, al igual que el resto de habilidades sociales, la empatía debe ser entrenada en múltiples y diversas ocasiones.

6.2.1.3. Preguntas.- "el fin primordial de las preguntas durante las entrevistas con las partes es traducir los objetivos específicos del proceso en una comunicación positiva con cada una de las partes" (De Diego y Guillén, 2012). Como vemos, esta concepción de las preguntas las convierte en una poderosa herramienta a la hora de mediar.

Quizás el primer paso que habría que plantearse es saber qué quiero obtener con las preguntas, ya que éstas deben servir para llegar a los intereses, objetivos, expectativas y necesidades de las partes. Así pues, dependiendo del momento en que las emplee y de la función que cumplan, se usarán un tipo de preguntas u otras. Entre los tipos de preguntas que hay, nos encontramos con:

- Preguntas abiertas.- son aquellas que permiten una respuesta libre y no condicionada (¿qué pasó?). Su utilidad viene cuando necesitamos tener información y/o queremos que el interlocutor se exprese con detalle. Estas preguntas pueden referirse a hechos, conductas, emociones, necesidades, etc., y suelen emplearse el principio del proceso.

- Preguntas cerradas.- son preguntas cuya respuesta suele ser dicotómica (sí/no), que se emplean para concretar o para confirmar algo. Estas preguntas no son demasiado flexibles y puede llegar a dirigir la respuesta por lo que no se recomienda emplearla en cualquier momento del proceso ya que puede llegar a perjudicarlo.

Por otro lado, la clasificación de las preguntas también puede realizarse dependiendo del tipo de función que cumplan. Así, podemos realizar preguntas encaminadas a obtener información (¿cómo estás?), a invitar a la reflexión (¿por qué piensas que esa es una buena opción?), a propiciar la empatía (¿cómo crees que se siente él?), a cambiar de tema (¿le parece bien que dejemos ese tema para más adelante?), a plantear hipótesis (¿qué pasaría si te mudaras de ciudad?), etc.

Como vemos, saber usar la pregunta adecuada en el momento adecuado es una habilidad imprescindible en la labor del mediador que necesita de su entrenamiento y puesta en práctica de forma habitual.

6.2.1.4. Reencuadre.- esta habilidad se centra en la capacidad de percibir cualquier situación desde distintas perspectivas o puntos de vista y prestar atención a la que nos pueda resultar más útil o provechosa.

De esta forma, algo que en un principio nos ha podido resultar un inconveniente o molestia, puede pasar a ser una oportunidad que nos permite hacer algo que, de otra forma, difícilmente habríamos podido hacer. De algún modo, se trataría de aprender de los errores, de mejorar con ellos y de sacar ventaja a las adversidades que se nos presentan.

Esta forma de pensar y actuar puede resultar muy positiva para la persona que la ejerce puesto que permite no quedarse anclado en los aspectos negativos de un suceso sino ir más allá y pensar qué factores pueden sernos útiles y pueden servirnos para aprender de ellos. En consecuencia, el significado posterior que le demos a un evento se centrará de forma prioritaria en aquello que nos ha servido, frente a aquello que nos ha costado. Resulta fácil comprender que esta forma positiva de enfocar las cosas, suele llevar asociado un aumento de las emociones positivas.

6.2.1.5. Reformulación.- la reformulación se asemeja al parafraseo mencionado dentro de la escucha activa. Se trata de devolver la información que nos han proporcionado de forma ordenada y concisa. De este modo, además de asegurarnos que hemos comprendido el mensaje, le damos a la persona la información organizada, lo que puede facilitar que se dé cuenta de aspectos que no había percibido que estuvieran relacionados en su discurso. Si nuestra reformulación no es correcta la perso6a puede corregirnos y mejorar nuestra comprensión de la problemática que nos presentan.

Todas estas herramientas expuestas pueden ser empleadas tanto en la mediación como en cualquier relación comunicativa, independientemente de que haya un conflicto de por medio. De hecho, si se ponen en práctica de forma habitual es posible llegar a prevenir la aparición del mismo.

6.2.2. Técnicas de mediación

En el ámbito de la mediación, además de las herramientas expuestas anteriormente y que están referidas a ámbitos generales de la comunicación, existen otras técnicas más específicas para favorecer el proceso. Entre ellas están:

➢ **Pasar de las posiciones a los intereses**

Puede que esta sea la principal técnica que se menciona en la mediación. Normalmente, en la comunicación nos situamos en una posición, y al situarnos, puede surgir conflicto si nuestro interlocutor se sitúa en una posición contraria o si ambas partes luchan por alcanzar la misma posición. Esta posición responde a la cuestión de ¿qué quiero? y en ella se centra el punto de origen de la mediación. El primer paso de la mediación es descubrir cuáles son las posiciones de cada una de las partes.

Nuestro objetivo posterior es averiguar cuáles son los intereses. El interés es la razón por la que se quiere algo y responde a la pregunta ¿para qué lo quiero? Para conocer el interés de nuestro interlocutor es preciso poner en práctica las herramientas explicadas a priori (preguntar, escuchar, empatizar, etc.) para lograr saber para qué o por qué quiere algo.

Hay que tener claro que si en la disputa no somos capaces de pasar de las posiciones a los intereses será complicada la resolución del conflicto.

➢ Normalización

Cuando nuestra labor profesional se desarrolla dentro del campo de la mediación o campos afines en las que se trata con situaciones y/o procesos conflictivos, estamos acostumbrados a ver estas situaciones como habituales y típicas. Sin embargo, para la persona afectada, una circunstancia como, por ejemplo, un divorcio, no solo se trata de *un* divorcio, sino de *su* divorcio, motivo por el cual puede sentirse abrumado y sobrepasado por los acontecimientos. Este contexto puede promover que las partes no gestionen adecuadamente sus propuestas de solución o que se posicionen de forma extrema y poco realista.

Nuestra labor será, en estos momentos, normalizar la situación y transmitir tranquilidad a las partes, para facilitar que se den cuenta de lo común del evento y de que existen vías de solución que han funcionado a otros y que pueden llevarse a cabo, aunque cada persona sienta que su proceso es único y particular.

Es conveniente señalar que la normalización no debe conducirnos a minimizar el problema de la persona o personas. Cuando transmitimos a la persona que su situación es, en cierto modo, habitual, podemos caer en el error de que la persona crea que es *"lo mismo de siempre"* y que no tiene especial relevancia. Para una persona, su conflicto es vital y le genera muchas sensaciones encontradas que hay que intentar redirigir para que sea capaz de llegar a la mejor solución posible.

➢ Mutualizar o reciprocar

En ocasiones existe una descompensación en la atribución de la responsabilidad en el conflicto. Puede darse que una de las partes culpe a la otra y considere que es su responsabilidad exclusiva ponerle fin a lo que sucede. Obviamente, este tipo de situación ha de ser reconducida puesto que es improbable que lleguemos a un acuerdo cuando una de las partes se desentiende tanto del origen como del final del desacuerdo.

Con esta técnica, nuestro objetivo es cambiar a las partes esta postura frente a una posición más cooperativa en la que ambos se responsabilicen del conflicto y, por tanto, de su resolución.

➢ Revalorización

Una forma de favorecer la aceptación de la responsabilidad en el conflicto pasa por conseguir que la persona se sienta capaz de resolverlo. A veces una persona opta por no implicarse en resolver un problema que le acaece ya que se cree incapaz de ponerle fin.

Con esta técnica se fortalece la percepción de autoeficacia y se fomenta el afrontamiento activo de los problemas, potenciando el equilibrio en la propuesta de soluciones de las partes.

➢ Contrastar con la realidad

Hay circunstancias en las que el ideal de solución dista mucho de la viabilidad de puesta en marcha del mismo. Cuando esto ocurre y nosotros vemos que la solución propuesta no tiene visos de poder llevarse a la práctica, hemos de redirigir la atención, sin intentar convencer, a la forma objetiva en la que ese planteamiento se realizaría, de cara a facilitar la comprensión y aceptación de la poca probabilidad de éxito de su propuesta.

➢ Respetar los silencios

Algunas personas tienen dificultades a la hora de poner en marcha esta técnica. Respetar los silencios, entendiendo estos como una forma más de comunicación, nos aporta mucha información a diferentes niveles que puede servirnos como indicativo del proceso subyacente.

El silencio puede ser una forma de transmitir desacuerdo o desaprobación, también puede ser un momento en que la persona necesita reflexionar sobre los aspectos tratados o, simplemente, puede ser una forma de mostrar respeto hacia la otra parte o hacia el mediador en aquello de lo que están hablando.

En cualquier caso, como mediadores, resulta relevante ejercitar esta técnica para aplicarla cuando sea necesario.

➢ Equilibrar el poder

Si descubrimos que entre las partes en conflicto hay un desequilibrio de poder, nuestra labor consistirá en fomentar un espacio seguro para que la parte *"débil"* pueda expresar sus opiniones, quejas, etc. En situaciones extremas podría llegar a recomendarse la finalización del proceso si se descubriera que existe manipulación evidente por una de las partes.

➢ Intercambiar roles

O *"ponerse los zapatos del otro"*. Esta técnica tiene como objetivo que cada una de las partes sea capaz de empatizar y comprender la realidad desde el punto de vista dela otra parte. En ocasiones, nuestra propuesta de solución, aunque intente ser equilibrada, no engloba la percepción del otro ni las dificultades a las que puede enfrentarse si finalmente se lleva a cabo. Si se hace complicado ponerlo en marcha, puede ser debido a la incapacidad para imaginar la vivencia del otro o a una posición egoísta dentro del problema.

➢ Proyectar al futuro

La idea de esta técnica es comprobar la viabilidad de la solución propuesta. Se puede introducir con la frase *"qué pasaría si..."* y pretende que las partes se sitúen en ese futuro e intenten ver las dificultades que pueden llegar a aparecer para, de ese modo, comprobar si sigue resultando atractiva la solución propuesta.

➢ Gestionar las emociones intensas

La gestión emocional no solo está referida a la que puedan expresar las partes, sino a la que puede llegar a experimentar el mediador. La labor realizada, en ocasiones, supone un esfuerzo elevado y hemos de ser conscientes de nuestro estado emocional para manejarlo en caso de que pueda suponer un impedimento al proceso.

En lo que se refiere a las partes, resulta obvio que procesar y trabajar sobre una situación conflictiva puede ser la causa de emociones intensas de carácter negativo. Si durante el proceso surgen este tipo de emociones se pueden emplear técnicas de afrontamiento activo (hablando de ellas con las partes), u otras técnicas que permitan liberar la presión y calmarlas (dando descansos o separando a las partes para tener sesiones individuales si vemos que no puede darse una buena comunicación en ese momento). En cualquier caso, evitarlas u hacer caso omiso de su existencia, no suelen ser estrategias adecuadas en la mediación.

Levesque, (1998) (Citado de De Armas, 2003) nos presenta una síntesis de las principales funciones y objetivos que utiliza en la mediación:

Funciones	Objetivos
1. Hacerse cargo del proceso y establecer una estructura	• Guiar los intercambios. • Establecer una relación. • Crear un ambiente. • Gestionar la agresividad. • Mantener su objetividad.
2. Establecer una comunicación funcional	• Utilizar una comunicación honesta. • Favorecer sentimientos. • Identificar y clarificar juegos. • Compartir la información. • Identificar las expectativas.
3. Facilitar la negociación	• Identificar las necesidades. • Exponer lo que está en juego. • Equilibrar los poderes. • Favorecer la toma de decisiones. • Poner a prueba la realidad. • Planificar.

También Levesque (1998) nos aporta las actitudes, las estrategias y las técnicas en la mediación:

Actitudes	Estrategias y técnicas
1ª función: Receptividad. Empatía. Respeto. Calor humano. Objetividad.	• Escucha activa. • Reflejar. • Recogida de información. • Aportación de información. • Utilización de un lenguaje neutro. • Decidir el ritmo de la entrevista. • Utilización del humor.

2ª función: Empatía. Comprensión. Aceptación y soporte emocional. Autenticidad.	• Parafrasear y resumir. • Individualizar y reformular. • Universalizar y confrontar. • Reencuadrar e interpretar.
3ª función: Flexibilidad. Creatividad. Realismo.	• Previsión de dificultades. • Acento sobre las similitudes. • Favorecer la toma de decisiones.

6.2.3. Errores de comunicación

Existen una serie de obstáculos y/o errores que pueden cometerse a la hora de llevar a cabo un proceso de mediación y que están relacionados con estrategias comunicativas poco eficaces teniendo en cuenta las características concretas de este método de resolución de conflictos. Entre ellos nos encontramos:

Obstáculos: también conocidas como las "*doce típicas*". No están referidas únicamente a la mediación sino que se engloban dentro de la denominada comunicación no empática. Lo principal de estos obstáculos es que dificultan que la persona se sienta comprendida puesto que llevan implícito un juicio negativo sobre el otro. Son:

- Mandar.- decir lo que hay que hacer.
- Amenazar.- decir lo que pasará si no hace lo que le decimos.
- Sermonear.- aludiendo a normas externas o valores morales.
- Dar lecciones.- sobre nuestra experiencia o la de otros.
- Aconsejar.- cuál es la mejor solución para el afectado.
- Ironizar.- o reírse del otro.
- Interrogar.- sacar información no imprescindible para el proceso.
- Interpretar.- haciendo alusión a motivos ocultos por parte del interesado.

- Insultar.- despreciar al otro.
- Desaprobar.- quitar la razón al otro.
- Aprobar.- dar la razón al otro.
- Consolar, animar.- diciéndole que lo que le sucede es poco importante.

Errores que puede cometer un mediador (relacionados con los obstáculos anteriores): son errores más específicos de la mediación, aunque no exclusivos, que pueden producirse cuando se nos presentan dificultades durante la mediación y no sabemos cómo resolverlas.

- Hacer demasiadas preguntas

  No por preguntar en exceso, aumenta la calidad de la información. Es importante que lo que se recoja sea necesario para el proceso y permita llevar a cabo una visión global del problema. La idea principal es alejarse del concepto de "interrogatorio" y aceptar los ritmos de cada una de las partes, respetando sus silencios.

- Preguntar muchos porqués

  Si preguntamos muchos porqués estamos fomentando que la persona razone, y se justifique de su conducta (como si acusáramos a la persona). Es mejor facilitar el proceso pidiéndole que nos cuente con mayor abundamiento lo que sucedió cuando el/la otro/a dijo, hizo, etc.

- Discutir con una de las partes

  Evidentemente, si caemos en este error nos estaremos posicionando, lo que va en contra del principio de neutralidad e imparcialidad. Es nuestra labor evitar mostrar enfado o desaprobación ante lo que nos digan, puesto que nuestro cometido en la mediación es otro.

- Emitir juicios

  Si damos a entender nuestra opinión en el proceso y emitimos juicios, las partes pueden sentirse cuestionadas, dificultando el proceso de comunicación.

- Dar consejos

  Antes de usar fórmulas que incluyan los "*debéis de*" o los "*tenéis que*" (ej. "Debéis respetaros si queréis que todo vaya bien"), podemos emplear una pregunta que facilite el diálogo (ej. ¿quécreéis que podéis hacer para que esto se resuelva de la mejor forma posible?). La idea básica es escuchar sus propuestas antes de dar las nuestras.

- Amenazar a las partes

  Amenazar a las partes con las consecuencias que se derivarán si la mediación no se resuelve positivamente, no ayuda al proceso. Cuando veamos que aparecen dificultades, es mejor validar lo conseguido hasta el momento, reforzar el esfuerzo y dar un descanso si vemos que la situación resulta agotadora.

- Forzar la reconciliación

  Una mediación exitosa no necesita de una mejora en la relación posterior. A veces, una buena mediación resuelve un problema de forma conciliadora y, posteriormente, las partes no necesitan tener más contacto entre ellas. Intentar que se den la mano, que recuperen su relación disculpándose, etc., no tiene por qué ser la mejor opción. Si las partes lo desean, lo harán sin la ayuda del mediador, y si no, obligarles no servirá para mejorar la mediación.

Como podemos comprobar, la mediación es un proceso complejo, dinámico e interactivo que requiere del desarrollo y puesta en práctica de todas nuestras habilidades sociales y comunicativas.

Solo conociendo las bases de la comunicación efectiva y cuáles son los errores que podemos cometer, seremos capaces de realizar un análisis objetivo de nuestra labor, de cara a seguir mejorando en nuestra capacidad para mediar en los conflictos.

7.
RELACIONES LABORALES Y EL CONFICTO LABORAL

Las situaciones de conflicto no son privativas de un ámbito concreto de la actividad humana sino que pueden darse en cualquiera de ellos. Existe, sin embargo, un ámbito particular en el que el conflicto tiene una fisonomía propia, y cuya trascendencia pública obliga, de un lado, a su reconocimiento social y jurídico, y de otro, al establecimiento de vías de solución del mismo: nos referimos al ámbito de las relaciones laborales.

El trabajo, tras la Revolución Industrial, ha generado una serie de conflictos entre trabajadores y empresarios en función de intereses contrapuestos, con los que no han acabado las sociedades democráticas, que a diferencia que de las sociedades liberales que dejaban en manos del mercado la resolución de conflictos laborales, han dado una respuesta normativa e institucional a los mismos.

Es a este conjunto normativo e institucional se suele denominar sistema de relaciones laborales. En un ámbito democrático, el sistema de relaciones laborales parte de una serie de presupuestos:

1. Reconocimiento de la realidad del conflicto laboral en el seno de la sociedad, y de su funcionalidad en la misma

Las sociedades modernas ya no niegan el conflicto, ni intentan erradicarlo. Parten de la base de que el conflicto cumple una función social, que permite el avance de la propia sociedad y su desarrollo, siempre que discurra por unos cauces previamente determinados, y se solucione de manera pacífica.

2. Reconocimiento de los agentes protagonistas del conflicto, y de sus asociaciones, como sujetos legitimados para alcanzar una solución del mismo a través de la negociación

El reconocimiento de que los agentes sociales pueden organizarse en asociaciones representativas libremente, y que el objetivo primordial de dichas asociaciones es la negociación colectiva en defensa de los respectivos intereses, es el segundo presupuesto fundamental del sistema de relaciones laborales en una sociedad democrática. Sin este reconocimiento, el sistema deja de funcionar, ya que los auténticos protagonistas del conflicto y de su solución son las representaciones de las partes en conflicto, que encauzan las reacciones de sus representados y alcanzan soluciones aplicables a todos ellos.

3. Reconocimiento de la existencia de instrumentos de presión de trascendencia interna y externa a la propia empresa

Encauzar el conflicto no significa encorsetarlo: sin el reconocimiento de los instrumentos de presión de las partes, que hace posible a su vez la negociación, tampoco cabe hablar de sistema democrático de relaciones laborales. Se reconoce, por tanto, la legitimidad de determinadas medidas de fuerza (la huelga, por ejemplo), aunque al propio tiempo se considera como una medida no deseable, lo que fuerza a impulsar los instrumentos de solución pacífica.

4. Establecimiento de vías de solución pacífica del conflicto

Constituye la consecuencia lógica de los presupuestos anteriores: si el conflicto existe y es funcional, si debe ser encauzado, si los mecanismos de fuerza son legítimos pero no deseables, entonces hay que establecer una serie de mecanismos que permitan que el conflicto se desarrolle y se solvente, minimizando sus consecuencias negativas y potenciando sus efectos positivos[16].

Uno de los primeros países en los que se introduce la mediación en el ámbito laboral fue Estados Unidos, que ya en 1838 y bajo la presidencia de Martin Van Buren, data una mediación de este úl-

[16] Manual de mediación. Servicio de Derecho del Trabajo y Relaciones Laborales, p. 10-51. Organización Internacional del Trabajo 1998

timo para poner fin a una huelga entre trabajadores y compañías navieras comerciales.

En 1887 el gobierno federal promovió el arbitraje interestatal en este ámbito a través de la *Interstate Comercial Act*, ley para resolver los conflictos entre los trabajadores y la empresa de ferrocarriles, norma que se vio completada por la *Rail Labor Act* que regula el arbitraje en el ámbito laboral ferroviario y de aerolíneas comerciales creando el *The Nacional Mediation Board*, un Consejo Intergubernamental Nacional de mediación.

Este órgano de se vio reforzado por la creación del U.S Conciliación Service en el seno del Departamento de Trabajo y de la Federal Mediation & Conciliation Service [17] FMCS).

La FMCS es una agencia federal que dota de cobertura en servicios de mediación y arbitraje en el ámbito empresarial y comunitario, así como a la agencias intergubernamentales estadounidenses, colaborando en la prevención, negociación y resolución de conflictos laborales en Estados Unidos[18].

---

[17] http://www.fmcs.gov/internet/

[18] MORAN, G. "La mediación en EEUU. Vías alternativas de negociación y resolución de conflictos: Una nueva cultura socio-jurídica. La experiencia estadounidense", en "La mediación. Un Instrumento de Conciliación", Dykinson, Madrid, 2010, p. 14.

8.
CONFLICTO INDIVIDUAL Y CONFLICTO COLECTIVO

Para llevar adelante la descripción de los modos en que se ha enfocado tradicionalmente a resolución de las situaciones de conflictos laborales, tanto como para poder formular después las ideas aptas para desarrollar propuestas alternativas, se hace necesario precisar los conceptos básicos, para que luego aquellas se hagan inteligibles.

Existe en la doctrina iuslaboralista de la mayoría de los países una clasificación tradicional pero vigente que aparece recogida en buena parte de las normas positivas, y según la cual existen conflictos individuales y colectivos. A su vez, los individuales pueden considerarse como individuales propiamente dichos y pluriindividuales y los colectivos se dividen en económicos y jurídicos.

8.1. Los conflictos individuales

Es siempre de tipo jurídico, pues cuando en un contrato de trabajo existe en una de las partes una intención modificatoria de los términos vinculantes, la ausencia de acuerdo necesaria e indefectiblemente conduce a la extinción del vínculo. Es por ello que la controversia nace irremediablemente en el reclamo del trabajador del cumplimiento de una disposición no observada o de la diferente interpretación de una norma vigente, siempre con relación a un contrato individual de trabajo, vigente o extinguido. El conflicto individual carece por esas características de exteriorización pública, y no puede tener efectos hacia la actividad productiva de la empresa, o producir repercusiones en el clima de paz social. Pero justamente en los casos en que el motivo de la disputa radica en diferentes interpretaciones sobre normas en vigencia, la radicación de la contienda en sede judicial lleva a connotar en la definición del litigio una impronta jurisprudencial que puede torcer el modo en que se aplica una ley, o el criterio con el que se pone en ejecución un convenio colectivo de trabajo.

8.2. Los conflictos colectivos

Los conflictos colectivos son aquellos que expresan un estado de enfrentamiento entre un empleador o un grupo de empleadores y el conjunto de los trabajadores empleados de aquellos, normalmente representados por uno o más sindicatos. En general se trata de una situación en la que la diferencia, la discrepancia o el distinto modo de objetivar una discusión, no ha permitido encontrar formas de llegar a acuerdos o transacciones, y que en sus efectos modifica los términos en que se han desarrollado las relaciones entre las partes afectadas, tanto hacia adentro, como hacia fuera de esa relación o en ambos sentidos. En cierta forma alguna doctrina ha sostenido que deben considerarse conflictos colectivos sólo aquellos que tienen por causa de la fricción cuestiones de índole estrictamente profesional y de otra parte, se ha sostenido que también deben incluirse aquellas situaciones que se motivan en distintas razones, tales como acciones de solidaridad o expresiones vinculadas a sucesos de corte político.

Resulta útil establecer cuáles son los elementos diferenciadores entre los conflictos colectivos de interés o de derecho. Los primeros involucran a los que se originan en la pretensión de uno de los dos sectores de la relación, de introducir modificaciones en el plexo normativo vigente, que tiendan a generar un nuevo marco capaz de satisfacer expectativas hasta ese momento inexistentes.

La incorporación de nuevas formas de remuneración, o expresiones novedosas en orden a la jornada o los descansos o la más común reclamación de mejores salarios, pueden ser algunas de las maneras en que los trabajadores introducen una situación de conflicto de tipo económico. Básicamente el conflicto económico se produce cuando las partes no han podido acordar acerca de los contenidos de un nuevo convenio colectivo de trabajo en discusión. Pero ello no obsta a que surja un enfrentamiento originado fuera de esa discusión ante la aparición de circunstancias - endógenas o exógenas a la relación- no previstas en el convenio vigente y que los sectores reputan que deben ser motivo de una redefinición. Del lado del empleador, podría señalarse la aspiración empresaria de modificar los descansos pagos, o de vincular la mejora salarial a la mejora de la productividad y quizá también la exigencia de una mayor capacitación de los trabajadores.

Entonces cualquiera de estas cuestiones o de otras, en tanto sean expresión de una grave diferencia en torno a la renovación del convenio colectivo, o impliquen un cambio sobre lo que estaba rigiendo hasta el momento de plantearse la petición, y encuentren resistencia en la otra parte, revisten la calidad conflicto de interés.

Por otro lado, el conflicto jurídico o de derecho, nada tiene que ver con un cambio, sino por el contrario, implica la protesta por incumplimiento de lo que está normado, de aquello que es ley exigible para las partes de la relación. La pretensión del sector que lanza la reclamación no es la modificación, sino la observancia de lo que está estatuido con antelación, y que la contraparte incumpliría.

Lo habitual suele ser que los conflictos jurídicos asuman la forma individual, esto es, que el trabajador personalmente reclame del empleador que le pague el salario, o le otorgue una vacación o le haga efectiva la liquidación final, luego de ocurrida la desvinculación. Pero existen, quizá en la misma cuantía, situaciones en que los disparadores del conflicto jurídico son los colectivos de los trabajadores de una empresa o un grupo de empresas que exigen el cumplimiento de una norma indiscutiblemente vigente, o impetran una forma determinada de interpretar una disposición en rigor, y en ambos casos encuentran la resistencia de la contraria. Entonces aparece ahí, la figura del conflicto colectivo de derecho.

Poco importa si en ambos casos de conflictos colectivos la controversia asume expresiones de fuerza al interior de la relación o despliega efectos hacia el entorno. No es necesaria la adopción de medidas de acción directa de las partes o de alguna de ellas, bastando con que se anuncie la posibilidad de su acaecimiento.

Podría decirse basado en lo descrito, que lo habitual sería que los conflictos de interés o económicos sean siempre colectivos y los jurídicos o de derecho sean individuales en la mayoría de las ocasiones, pero la realidad que es mucho más rica que las disquisiciones académicas, revela que es imposible fijar un criterio unívoco en esta cuestión.

El conflicto colectivo asume ribetes de tal, cuando la negociación directa entre la representación de los trabajadores y la del empleador o empleadores no ha podido zanjar la diferencia de criterios, y se quiebra la normalidad de la discusión. El debate exorbita el ámbito de la mesa de relaciones laborales o como se quiera denominar a la sede de las conversaciones habituales y sus efectos alcanzan a la actividad normal de la empresa y de los trabajadores. El conflicto que interesa a la administración del trabajo, es aquel que introduce modificaciones en la forma en que se desarrollaba la actividad, a partir de la acción de alguna de las partes, que con su determinación, intenta ejercer presión sobre la contraria, para que ésta acepte las pretensiones o desista de ellas, según sea el caso.

Tradicionalmente se ha aludido a la huelga, cuando el hecho de presión ha partido de los trabajadores, y al lock out, o cierre patronal, cuando ha nacido del sector empleador. Y tradicionalmente también, la autoridad ministerial del trabajo, ha actuado frente a estas modalidades habituales de ejercicio del conflicto, sosteniendo algunas hipótesis dubitativas acerca de la procedencia de considerar legítimo el adoptar medidas de acción directa de otro tipo. Empero, la doctrina moderna, sobre todo la procedente desde la Europa latina, ha comenzado a considerar que no sólo la huelga y el cierre patronal, expresan una fisonomía lícita del conflicto, sino que deberían aceptarse también otros modos tales como la huelga de brazos caídos, el trabajo a reglamento, o el paro parcial, desde el costado de los trabajadores. Y desde el otro, debería también acogerse la negativa a otorgar horas extraordinarias, la supresión de algún tipo de premios o la lentificación de las tareas para evitar los beneficios de la productividad. Sin embargo, el examen acerca de la conveniencia de ampliar los criterios no termina allí, pues en el cierre del siglo veinte han comenzado a extenderse las medidas de presión sindical, con las expresiones realizadas fuera del ámbito de la empresa, a través de los cortes de calles o de rutas, la ocupación de la fábrica o de lugares públicos por los trabajadores y también las manifestaciones a las puertas de los domicilios de los propietarios o directivos de las empresas. Son las nuevas formas de expresar conflictos que ERMIDA señala como más interesados en la trascendencia pública que en el efecto directo sobre la contraparte, en la búsqueda que la resonancia hacia fuera opere como elemento de presión hacia el interior de la relación. De todos modos conviene asumir que se trata de exteriorizaciones de la discrepancia que alteran en sustancia el modo operativo de la actividad productiva y lesionan el desarrollo normal de la paz social.

La más moderna doctrina es proclive a considerar que en el acontecer del conflicto y aunque la autoridad haya dispuesto la aplicación de los mecanismos de solución, se pueda considerar lícito el ejercicio de medidas de presión de una parte hacia la otra. De ese modo se revisaría la vieja teoría que consideraba incompatible la realización de medidas de acción directa una vez que la autoridad administrativa de trabajo había puesto en acto dispositivos tales como la conciliación o el arbitraje.

Más allá del análisis precedente debería precisarse que las legislaciones y en mucho casos la jurisprudencia de la mayoría de los países no ha incorporado algo que hoy es casi pacífico en doctrina. Se trata de que la calificación de legal o ilegal de las medidas de acción directa por parte de la autoridad administrativa o judicial, debería tratarse restrictivamente. Dicho de otra manera, el pensamiento jurídico ha comenzado a reducir las exigencias para habilitar la legalidad de una huelga. También se observa que se han empezado a extender los alcances subjetivos de las medidas de fuerza. En efecto, se advierte cómo se acepta en la actualidad que las representaciones de los empleados del sector público puedan ejercer el derecho de huelga, ingresando a un campo que anteriormente les estuvo vedado.

8.3. Los conflictos pluriindividuales

Los conflictos colectivos pluriindividuales son una especie atípica, pues son el resultado de una situación de enfrentamiento entre un grupo de trabajadores que tienen reclamos de carácter individual contra un empleador o un grupo de empleadores, que por ser de la misma índole o de similares características, hace que los reclamantes se agrupen y gestionen solidariamente la respuesta a su problema.

Esta contienda es, como queda dicho, de tipo colectivo pero de naturaleza jurídica, y pese a esa índole, el colectivo laboral, no acude a la justicia en procura de obtener una respuesta a su derecho subjetivo, presuntamente violado, sino que intenta prevalerse de la presión del número para operar sobre la parte contraria -siempre la empleadora- e intentar una adecuada satisfacción. Este tipo de disputas de hecho cuando motorizan al sector de los trabajadores al ejercicio de medidas de acción directa, afecta la actividad productiva y genera tensiones en torno de la paz social. Es por ello, que aun sin decir el derecho, o buscar de obtener un acuerdo sobre nuevos contenidos de la relación, la administración del trabajo se ve compelida a actuar para minimizar los efectos públicos y lograr un avenimiento que reencauce la situación o la derive a su ámbito natural que es la justicia.

8.4. Los conflictos impropios

El muestrario de los conflictos en el mundo del trabajo, exhibe otros casos, no menos importantes que los que hemos tratado hasta aquí, pero que no reclaman la atención preferencial de las administraciones del trabajo, o lo hacen marginalmente.

La referencia alude un tipo de conflictos que alguna doctrina ha denominado acertadamente como de carácter impropio, puesto que no revelan la existencia de una disputa entre el sector empleador y el sector de los trabajadores. Se trata de los conflictos intersindicales, los conflictos intrasindicales, los conflictos de solidaridad y los de tipo político.

Conflictos intersindicales son aquellos que se plantean cuando dos organizaciones sindicales, disputan su condición de representantes de un colectivo laboral. El intrasindical es el episodio de enfrentamiento al interior de una organización sindical y que se expresa habitualmente en problemas entre la organización y un afiliado. En general se ha relevado que los sistemas judiciales atribuyen la dilucidación de estas contiendas a los tribunales con atingencia con los derechos individuales de las personas, pero sería conveniente que se ejerciera una etapa previa en el ámbito del ministerio laboral, que además suele ser el organismo que se ocupa de ejercer el reconocimiento de los sindicatos.

Los conflictos de solidaridad nacen al calor de la necesidad sindical de apoyar determinados reclamos de un trabajador o un grupo de ellos, o aún de otros sindicatos. Por lo general comprenden el intento sindical de no convalidar con el silencio una situación que suponen se convertirá en un precedente contrario a los designios de la entidad en un lugar y un momento determinados.

Finalmente los conflictos políticos, que tampoco registran acogimiento legislativo, son aquellos donde las organizaciones sindicales, generalmente las centrales, impulsan una huelga o algún tipo de medidas de acción directa para protestar contra una decisión del gobierno, laboral o no, recurriendo a lo que se denomina huelga general[19].

---

[19] SAPPIA, J "Solución de conflictos colectivos e individuales de Trabajo", Documento de trabajo nº 149. Justicia Laboral y medios alternativos de solución de conflictos colectivos e individuales. OFICINA INTERNACIONAL DEL TRABAJO.

9. ANTECEDENTES DE LA MEDIACIÓN LABORAL EN ESPAÑA

9.1. Régimen de Franco

La conciliación obligatoria previa tiene su origen en la antigua conciliación sindical. En efecto, la primera manifestación de una conciliación no judicial en nuestro proceso de trabajo y coexistiendo con ésta, se encuentra en al Ley de Bases de la Organización Sindical, de 6 de diciembre de 1940, conciliación que se confía a los sindicatos franquistas[20].

El art. 16 de dicho texto legal determinaba que las centrales sindicales nacionalistas tenían como función "procurar la conciliación en los conflictos individuales de trabajo como trámite previo y obligatorio a la intervención de la Magistratura de Trabajo".

Posteriormente la Ley de 11 de julio de 1941, sobre despidos, estableció la obligatoriedad de la conciliación sindical para estos procesos, y hasta el Decreto de 9 de enero de 1950 no se realizó una regulación general de la conciliación sindical, lo que se hace en un total de veinte artículos, por lo que se entendió que hasta esta última norma la conciliación sindical sólo era obligatoria en las reclamaciones por despido, de modo que fue en 1950 cuando se extendió y generalizó a todos los conflictos nacidos del contrato de trabajo[21].

---

[20] MONTERO AROCA, Comentarios a la Ley de Procedimiento Laboral , Madrid, 1993, p. 453.

[21] Vid. MENÉNDEZ PIDAL, Derecho Procesal Social, Madrid, 1956, p. 186; RODRÍGUEZ SANTOS, Comentarios a la Ley de Procedimiento Laboral, T. II (con

Conforme a lo dispuesto en el art. 1° del Decreto mencionado, "antes de promoverse cualquier juicio laboral, el que se proponga instarlo estará obligado a intentar la celebración del acto conciliatorio ante el Organismo sindical correspondiente".

La Ley de 24 de abril de 1958 y los textos refundidos de procedimiento laboral de 1958, 1963, 1966 y 1973 mantienen en su articulado la exigencia de conciliación sindical como paso previo a la Magistratura de Trabajo.

En materia de conflictos colectivos, tanto el Decreto 2354/1962, de 20 de septiembre, sobre procedimientos de la formalización, conciliación y arbitraje en las relaciones colectivas de trabajo, como la legislación procesal laboral de exigen el intento sindical previo de conciliación o mediación[22].

Durante este período vemos que el intento de conciliación antes los Sindicatos Verticales se configura como una exigencia del sistema, previa al acceso a los órganos de la jurisdicción social.

9.2. Transición democrática

En el año 1975 fallece Francisco Franco y con el su régimen, desapareciendo progresivamente muchas de las estructuras creadas al amparo del mismo, entre ellas los Sindicatos Verticales, prolongación de éste en el ámbito de las relaciones laborales.

Con la desaparición de los mismos, desaparece la estructura que daba cobertura a la conciliación laboral, manteniéndose la exigencia de conciliación previa en las leyes laborales pero no pudiéndose *de facto* llevar a cabo la misma por ausencia de una entidad pública o semipública ante la cual pudieran celebrarse.

En este sentido, advierte RODRÍGUEZ SANTOS[23], que desaparecida la Organización Sindical, hubo un lapsus de tiempo en el que

CEBRIÁN BADÍA), Valladolid, 1991, pp. 153 y 154. Cfr. MONTERO AROCA, "Las conciliaciones en el proceso laboral", Revista de Derecho Procesal, 1973, núm. 2-3, p. 502.

[22] Art. 145 de los textos de 1966 y 1973.

[23] Comentarios a la Ley de Procedimiento Laboral, T. II (con CEBRIÁN BADÍA), cit., p. 146.

seguía ordenando la Ley Procesal laboral la necesidad del requisito previo de la conciliación sindical para la tramitación de los procesos; situación realmente notoria y curiosa, desde el punto de vista jurídico, por cuanto que puso de manifiesto la imposibilidad del cumplimiento de la Ley, pese a no estar derogada.

A este vacío o laguna trato de dar respuesta el Decreto-ley de Relaciones de Trabajo de 1977[24] que suprime la necesidad de acudir previamente a la conciliación, mediación o arbitraje que antes habían de intentarse en el seno de la organización sindical, coherentemente con el proceso de descomposición a que ésta estaba siendo sometida[25], y preveía (art. 24) un intento de avenencia ante la Autoridad laboral en la comparecencia a celebrar tras la formalización del conflicto.

9.3. Creación y desaparición del IMAC y la Ley del Procedimiento Laboral de 1980

Pese a la supresión de la conciliación previa en el Decreto-ley 17/1977, de 4 de marzo, el aumento de la litigiosidad en el ámbito social y la necesidad de enmarcar esta conciliación en la Administración Pública, determino la creación del Instituto de Mediación, Arbitraje y Conciliación (IMAC) por RD-ley 5/1979, de 26 de enero, con el carácter de organismo autónomo adscrito al Ministerio de Trabajo, al que, entre otras funciones, se le encomendó la conciliación previa obligatoria.

De acuerdo con el inciso primero del art. 5 de este texto, "será requisito previo para la tramitación de cualquier procedimiento laboral ante la Magistratura de Trabajo el intento de celebración del acto de conciliación ante un funcionario Licenciado en Derecho del Instituto de Mediación, Arbitraje y Conciliación".

Orgánicamente, el desarrollo reglamentario se hizo mediante el RD 998/1979, de 27 de abril, modificado por los RRDD 1303/1981,

---

[24] Decreto-ley 17/1977, de 4 de marzo.

[25] ROMÁN VACA, El proceso especial de conflictos colectivos de trabajo, Madrid, 1992, pp. 87 y ss.

de 3 de julio, y 2193/1984, de 12 de diciembre, y la OM de 22 de diciembre de 1979; el procedimiento de las funciones asumidas fue desarrollado por el RD 2756/1979, de 23 de noviembre[26].

El RD-ley 5/1979, de 26 de enero, de creación del IMAC, intentaba poner en pie un aparato público de composición de conflictos, tanto individuales como colectivos, que, a la postre, sólo cuajó en la recuperación del trámite de conciliación obligatoria previa ante el IMAC en materia de conflictos individuales, de conformidad con el RD 2756/1979, de 23 de noviembre, y su colateral efecto de aminoración de la litigiosidad ante las Magistraturas de Trabajo[27].

La Ley de Procedimiento Laboral (LPL) de 1980, mantiene esta exigencia y dedica a la "conciliación obligatoria previa" la sección cuarta del Título VIII (Actos preparatorios y medidas precautorias) del Libro I (arts. 50 a 55).

En este sentido el art. 50 dispone que "será requisito previo para la tramitación de cualquier procedimiento ante la Magistratura de Trabajo, el intento de celebración del acto de conciliación ante el Instituto de Mediación, Arbitraje y Conciliación".

Se mantiene la exigencia general de conciliación previa pero se introducen excepciones y en caso de conflictos colectivos exigía un doble intento de conciliación, al prever como trámite previo el intento de conciliación o mediación en el conflicto ante el IMAC, y si aquél se intentara sin efecto, ante la autoridad laboral[28].

---

26 ROMERO PRADAS, M.I. La Conciliación en el Proceso Laboral. Segunda Parte. 2000, p. 1 y ss.

27 BAYLOS GRAU, CRUZ VILLALÓN, y FERNÁNDEZ LÓPEZ, Instituciones de Derecho Procesal Laboral, p. 88, donde señalan además que, al coincidir esta composición pública con los intensos fenómenos de crisis y de reestructuración del mercado de trabajo, la incidencia de la conciliación ante el IMAC en el tema de los despidos pactados fue muy grande, como demuestran las estadísticas laborales de la época. Mientas que en 1979, del total de 279.687 despidos, fueron declarados por Magistratura 194.800, ya en 1980, de 345.944, fueron concilados en el IMAC 195.422, frente a 90.300 en Magistratura; en 1981, de un total de 349.119, 206.865 lo fueron en el IMAC, y 84.800 en los Tribunales de Trabajo.

28 Artículo 145 de la LPL.

La Ley 50/1984, de 30 de diciembre, de Presupuestos Generales del Estado para 1985, estableció una lista de organismos autónomos a suprimir, entre ellos el IMAC; y, de acuerdo con la previsión anterior, el RD 530/1985, de 8 de abril, que determina la estructura orgánica básica del Ministerio de Trabajo y Seguridad Social y suprime determinados organismos autónomos del Departamento, procedió definitivamente a la supresión del IMAC, encomendando las funciones conciliadoras a la Subdirección General de Mediación, Arbitraje y Conciliación, integrada en la Dirección General de Trabajo, y a las Direcciones Provinciales del Ministerio de Trabajo y Seguridad Social en el ámbito territorial respectivo, todo ello sin perjuicio del traspaso de competencias a las Comunidades Autónomas[29].

Tras la desaparición del IMAC, por tanto, ya no existe una única organización conciliadora, sino que el órgano conciliador es un órgano, también administrativo, que dependerá bien del Estado bien de alguna Comunidad Autónoma, por lo que suele aludirse al mismo como Servicio de Mediación, Arbitraje y Conciliación (SMAC)[30].

9.4. La conciliación previa en la LPL de 1990 y en la LPL de 1995

El Real Decreto Legislativo 521/1990, de 27 de abril, por el que se aprobó el Texto Articulado de la Ley de Procedimiento Laboral, de conformidad con la autorización prevista en el art. 1º de la Ley 7/1989, de 12 de abril, de Bases del Procedimiento Laboral, dedicaba a la "conciliación previa" el capítulo primero del Título V (De la evitación del proceso) del Libro I (arts. 63 a 68), en desarrollo de la base 14ª.

Posteriormente, mediante el Real Decreto Legislativo 2/1995, de 7 de abril, se aprobó un texto refundido del anterior, incorporando

[29] ROMERO PRADAS, M.I. La Conciliación en el Proceso Laboral. Segunda Parte. 2000, p. 1 y ss.

[30] MONTERO AROCA, Comentarios a la Ley de Procedimiento Laboral (con IGLESIAS CABERO y OTROS), I, cit., p. 427; y DE LA VILLA, GARCÍA BECEDAS y GARCÍA-PERROTE ESCARTÍN, Instituciones de Derecho del Trabajo, 2ª ed., Madrid, 1991, p. 730 (mientras no se indique otra cosa, nos estaremos refiriendo a esta edición de la obra); CAVAS MARTÍNEZ, Diccionario Procesal Social (con BARREIRO GONZÁLEZ y OTROS), Madrid, 1996, p. 81.

las modificaciones introducidas por otras leyes, entre ellas, la Ley 42/1994, de 30 de diciembre, de Medidas Fiscales, Administrativas y de Orden Social, que autorizó al Gobierno para elaborar dicho texto. La conciliación previa continúo estando regulada en los arts. 63 a 68.

Las novedades de dicho texto —que provenían de la LPL de 1990— no se limitaron al órgano conciliador (art. 63), sino que alcanzaron en mayor o menor medida a todo el régimen de la conciliación previa. En primer término, el art. 64, con novedades importantes respecto al anterior art. 51 del texto de 1980, recogía los procesos que están exceptuados de la conciliación previa. . El art. 66 se ocupaba de regular la asistencia al acto de conciliación, conteniendo una variación respecto al texto anterior que no ha sido interpretada unánimemente.

Los últimos preceptos, arts. 67 y 68, contenían importantes novedades respecto al texto anterior en relación a los efectos del acuerdo de conciliación,

Por su parte, el art. 154 —153 del texto de 1990— se refería de modo especial a la conciliación exigida en el proceso de conflictos colectivos[31].

En este período se empieza a dar entrada a las formulas autocompositivas de resolución de conflictos tanto individuales como colectivos, sentando las bases del sistema actual.

En materia de conflictos colectivos Tribunal Constitucional considera la solución privada de conflictos como expresión tácita del derecho de negociación colectiva, y como una de las medidas de conflicto colectivo a la que trabajadores y empresarios pueden recurrir para alcanzar mía solución pacífica[32].

---

31 ROMERO PRADAS, M.I. cit…, p. 1 y ss.

32 Sentencias TC 74/1983 y 217/1991

10.
SITUACIÓN ACTUAL DE LA MEDIACIÓN LABORAL EN ESPAÑA

Los conflictos laborales se solucionan pública o privadamente. La solución pública puede a su vez ser administrativa, cada vez más excepcional, o judicial.

La solución privada puede ser afrontada por las partes en conflicto por sí mismas o a través de la intervención de un tercero mediante tres fórmulas clásicamente diferenciadas, pero que admiten su conjunción en distintos grados: conciliación, mediación y arbitraje. La conciliación, cuando el tercero no tiene la facultad de formular propuestas sino que es un mero facilitador del diálogo entre las partes. La mediación, distinta en teoría de aquélla porque el mediador puede formular propuestas de solución. Y el arbitraje, cuya seña de identidad es el carácter obligatorio para las partes en conflicto de la decisión del tercero, del laudo arbitral. Salvo supuestos excepcionales como el arbitraje electoral, el arbitraje es un procedimiento de utilización voluntaria para las partes.

A continuación vamos a abordar el panorama actual de la medición laboral estudiando las funciones mediadoras de la Inspección de Trabajo y Seguridad Social, la mediación extrajudicial y la judicial.

10.1. Intervención de la Inspección de Trabajo y Seguridad Social

De conformidad con lo previsto en los artículo 1 y 3 de Ley 42/1997, de 14 de noviembre, ordenadora de la Inspección de Trabajo y Seguridad Social, la Inspección de Trabajo y Seguridad

Social (en adelante ITSS), entre sus muchas funciones realiza algunas muy relacionadas con la soluciones extrajudicial del conflictos laborales:

a) Función preventiva de conflictos laborales, tanto desde su función de vigilancia como de fiscalización.

b) Función de coadyuvar en la solución de conflictos mediante la emisión de informes.

c) Función de conciliación, mediación y arbitraje en los conflictos y huelgas cuando estas funciones sean aceptadas por las partes[33].

[33] Ley 42/1997, de 14 de noviembre, ordenadora de la Inspección de Trabajo y Seguridad Social.

Artículo 1 Definición y objeto del sistema de Inspección de Trabajo y Seguridad Social

1. Constituye el sistema de la Inspección de Trabajo y Seguridad Social el conjunto de principios legales, normas, órganos, funcionarios y medios materiales que contribuyen al adecuado cumplimiento de las normas laborales; de prevención de riesgos laborales; de Seguridad Social y protección social; colocación, empleo y protección por desempleo; cooperativas; migración y trabajo de extranjeros, y de cuantas otras materias le sean atribuidas.

2. La Inspección de Trabajo y Seguridad Social es un servicio público al que corresponde ejercer la vigilancia del cumplimiento de las normas de orden social y exigir las responsabilidades pertinentes, así como el asesoramiento y, en su caso, arbitraje, mediación y conciliación en dichas materias, que efectuará de conformidad con los principios del Estado social y democrático de Derecho que consagra la Constitución Española, y con los Convenios números 81 y 129 de la Organización Internacional del Trabajo.

Artículo 3 De la función inspectora

La función inspectora, que será desempeñada en su integridad por funcionarios del Cuerpo Superior de Inspectores de Trabajo y Seguridad Social y por los funcionarios del Cuerpo de Subinspectores de Empleo y Seguridad Social, en los términos establecidos respecto de estos últimos en el artículo 8, comprende los siguientes cometidos:

...**3.** De arbitraje, conciliación y mediación.

3.1 La conciliación y mediación en los conflictos y huelgas cuando la misma sea aceptada por las partes sin perjuicio de lo dispuesto en la Ley de Procedimiento Laboral.

3.2 El arbitraje, a petición de las partes, en conflictos laborales y huelgas, u otros que expresamente se soliciten.

3.3 La función de arbitraje por parte de la Inspección, sin perjuicio de las funciones técnicas de información y asesoramiento, si lo solicitan cualesquiera de las partes, será incompatible con el ejercicio simultáneo de la función inspectora por la misma persona que ostenta la titularidad de dicha función sobre las empresas sometidas a su control y vigilancia.

La solución de conflictos de la ITSS se desarrolla fundamentalmente en el ámbito de los conflictos colectivos[34], pero también cabe en los conflictos individuales tanto jurídicos como de intereses, siendo en ambos casos voluntaria sin constituirse en requisito previo procesal.

Es una mediación activa, especializada, técnica y publica. Puede iniciarse de oficio a instancia del propio inspector o de un superior jerárquico, o a instancia de cualquiera de las partes.

Su eficacia está en función del marco en que se haya producido este acuerdo, de la legitimidad que ostenten quienes los suscriben y de los requisitos que se hayan cumplido para alcanzarlo. Puede equipararse a la eficacia de los convenios colectivos estatutarios, tener valor de convenio colectivos extraestatutarios o un simple acuerdo o pacto de naturaleza contractual[35].

10.2. Mediación extrajudicial

Con fecha 11 de octubre de 2011 se publicó en el Boletín Oficial del Estado la ley 36/2011, de 10 de octubre, la Ley reguladora de la Jurisdicción Social[36] (en adelante LRJS).

La nueva regulación introdujo en el régimen jurídico de la jurisdicción Social novedades respecto a los procedimientos de mediación y arbitraje y que se incluyen, principalmente, en el Libro I, Título V, "De la evitación del proceso" en su Capitulo I "De la Conciliación o mediación previas y de los laudos arbitrales".

Las novedades normativas de esta ley afectan a aspectos de especial interés para la tramitación y gestión de los Sistemas de Solución Extrajudicial de Conflictos Laborales, pero a su vez operan un importante reforzamiento de los mecanismos conciliatorios en cualquier momento del proceso.[37]

---

34 SSTSJ Aragón 5-6-96, y TS 18-1-95 p.e.

35 GARCIA PERROTE ESCARTIN, I. Manual de Derecho del Trabajo, Tirant Lo Blanch, Valencia 2011, p. 811 y 812.

36 BOE 245 de 11-10-2011.

37 VIQUEIRA, C., "Mecanismos de evitación del Proceso en la LRJS". Boletín Quantor Social 1-2-201.

La conciliación previa en la Jurisdicción Social según el artículo 63 de la LRJS es un acto exigido lealmente como requisito previo a la presentación de la demanda y no un acto voluntario de los interesados.

Las novedades sobre la Conciliación o Mediación previas se articulan en al art. 63. Consistente en que en la redacción actual será requisito previa para la tramitación del proceso no sólo el intento de conciliación sino, en su caso, de mediación, contemplándose ésta por primera vez.

El artículo 64.1 regula las excepciones del requisito del intento de conciliación o, en su caso, de mediación previas, ampliando los supuestos de excepción a los procesos de anulación de laudos arbitrales, los de impugnación de acuerdos de conciliaciones, de mediaciones y de transacciones.

Se exceptúan del requisito del intento de conciliación o, en su caso, de mediación los procesos que exijan la reclamación previa en vía administrativa u otra forma de agotamiento de la misma, en su caso, los que versen sobre Seguridad Social, los relativos al disfrute de vacaciones ya a materia electoral, movilidad geográfica, modificación sustancial de las condiciones de trabajo, derechos de conciliación de la vida personal, familiar y laboral a los que se refiere el artículo 139, los iniciados de oficio, los que impugnación de convenios colectivos, los de impugnación de los estatutos de los sindicatos o de su modificación, los de tutela de los derechos fundamentales y libertades públicas, los procesos de anulación de laudos arbitrales, los de impugnación de acuerdos de conciliaciones, de mediaciones y de transacciones, así como aquellos en que se ejerciten laborales de protección contra la violencia de género.

10.2.1. Régimen jurídico

El régimen jurídico de la conciliación previa participa de una triple perspectiva.[38]

En primer lugar, la conciliación como actividad se centra en los esfuerzos de autocomposición en los que se interviene un tercero

[38] GIL Y GIL, J.L. en *Capital Humano*, nº 156.

ajeno a conflicto, que se limita a acercar las posiciones de las partes. El letrado conciliador es un funcionario público del servicio administrativo correspondiente, que carece de facultades de control sobre el contenido de lo acordado por las partes, así como de competencia para aprobar o desaprobar lo pactado (STS de 26 de diciembre de 2002, Art. 2804). La actividad del letrado es más próxima a la mediación.

En segundo lugar, la conciliación como contrato de transacción atiende al resultado, el acuerdo de las partes y su consecución mediante concesiones recíprocas. Tal punto de vista se observa en la regulación de la impugnación de lo acordado en la conciliación por la causas que invaliden los contratos (art. 67 LRJS).

En tercer lugar, la conciliación es un presupuesto procesal: si la actividad logra su fin, se suscribirá un contrato de transacción; en caso contrario, queda abierta la posibilidad de acudir al proceso (art. 63 LRJS). En efecto, el intento de conciliación, gratuito para las partes, constituye un requisito previo y obligatorio para la tramitación de casi todos los litigios en el orden social[39].

10.2.2. *Efectos de la solicitud*

La presentación de la solicitud de conciliación o de mediación suspenderá los plazos de caducidad e interrumpirá los de prescripción. La interrupción de la prescripción supone ha de iniciarse desde cero con efectos desde día siguiente a aquél en que se celebre el intento de conciliación[40], o si este no llega a celebrarse, desde el siguiente a la presentación de la papeleta de conciliación ante el organismo correspondiente.

10.2.3. *Procedimiento y efectos*

El procedimiento se inicia mediante la presentación de la papeleta de conciliación (Anexos 1,2 y 3 de este capítulo) ante el Servicio de Mediación Arbitraje y Conciliación competente, que examina su

[39] RENEDO JUAREZ, M.J. "Evitación del proceso y mediación intrajudicial en la jurisdicción social", en Revista Jurídica de Castilla-Leon nº 29, Valladolid, 2013, p. 6 a 9.

[40] STS 2-12-02.

contenido, y si considera que este se ajusta a la prescripciones normativas cita a las partes, señalando día y hora para el acto de conciliación (anexo 4), que debe celebrase en un plazo máximo de 30 días a la presentación de la papeleta, o de 15 días si se tratase de acciones sujetas a plazos de caducidad como el despido.

La asistencia al acto de conciliación es obligatorio para los litigantes (art. 66.1 LRJS). La falta de comparecencia de las partes produce los siguientes efectos:

a) La ausencia del solicitante, sin mediar justa causa, provoca el archivo de las actuaciones según el art. 66.2 LRJS (STS de 17 de febrero de 1999, y STSJ de Madrid de 20 de abril de 1998), teniéndose por no presentada la papeleta demanda.

b) La incomparecencia de la otra parte trae aparejada el efecto de tener la conciliación intentado sin efecto según el art. 66.3 LRJS. Si la incomparecencia de la parte demandada fuese injustificada y en el posterior litigio la sentencia que en su caso recaiga coincide esencialmente con la preextensión del demandante contenida en la papeleta de conciliación o solicitud de mediación, el Juez o Tribunal impondrán las costas del proceso a la parte que no hubiere comparecido sin causa justificada, incluidos honorarios, hasta el límite de seiscientos euros, del letrado o graduado social colegiado de la parte contraria que hubieren intervenido (arts. 66.3 y 97.3 LRJS).

Citadas y presentes las partes, en el día y hora señalados, la conciliación puede terminar con o sin avenencia (anexos 5 y 6).

Intentada sin acuerdo; los intervinientes tendrá expedita la vía judicial para dirimir sus diferencias, aun cuando nunca podrán invocar hechos distintos a los aducidos en la conciliación [art. 80.1 c) LRJS]. Como regla general, las ofertas de acuerdo propuestas por las partes en la negociación no vincula a estas si no llegan a plasmarse en un acuerdo aceptado por la otra parte.

Caso de terminar con resultado positivo, el acuerdo contenido en el acta adquirirá fuerza ejecutiva, sin necesidad de ratificación ante el órgano judicial según el art. 68 LRJS (SSTSJ de Asturias de

27 de noviembre de 1998; de Madrid de 27 de febrero de 2001; de Cataluña de 29 de junio de 2001,, y de Castilla y León/Valladolid de 19 de mayo de 2003).

10.2.4. Impugnación del acuerdo de conciliación o de mediación

El compromiso podrá impugnarse a través de la acción de nulidad ejercida por las partes o por terceros perjudicados, en un plazo de treinta días hábiles desde la celebración o desde su conocimiento y al amparo de las causas previstas en el artículo 67 LRJS (SSTSJ de Castilla y León/Burgos de 13 de Madrid de 30 de enero de 2001). Su conocimiento corresponderá al juez o tribunal competente por razón de la materia para conocer sobre el fondo de la cuestión.

10.2.5. Ejecutividad

El cumplimiento de lo acordado en la conciliación previa puede llevarse a cabo por el trámite de ejecución de sentencia[41], siempre y cuando de traten de acuerdos susceptibles de ejecución y no meramente declarativos.

El procedimiento de ejecución es el previsto para el caso que se hubiese dictado sentencia judicial sobre la cuestión objeto de conciliación (anexo 7).

10.2.6. Órganos de mediación

La tramitación del proceso de conciliación o, en su caso, de mediación podrá hacerse ante el servicio administrativo correspondiente o ante el órgano que asuma estas funciones que podrá constituirse mediante los acuerdos interprofesionales o los convenios colectivos a los que se refiere el artículo 83 del Texto Refundido de la Ley del Estatuto de los Trabajadores, así como mediante los acuerdos de interés profesional a los que se refieren el artículo 13 y el apartado 1 del artículo 18 de la Ley del Estatuto del trabajo autónomo.

Así junto con los tradicionales Servicios de Mediación, Arbitraje y Conciliación públicos, que se ocupan fundamentalmente de los

41 STS 16-03-95.

conflictos individuales, nos encontramos con formulas convencionales de solución de conflictos fruto de la negociación colectiva que se desenvuelven principalmente en el ámbito de los conflictos colectivos.

Exponente principal de esta línea son los Acuerdos sobre Solución Extrajudicial de Conflictos, tanto a nivel estatal como autonómico, fuente fundamental de composición voluntaria de los conflictos de trabajo. Estos acuerdos partiendo de la necesidad de fortalecer la autonomía colectiva persiguen la desadministrativación de la solución de conflictos colectivos tanto jurídicos como de intereses y la desjudicialización del conflicto laboral jurídico[42].

En este sentido nos encontramos con el V Acuerdo de Solución Autónoma de Conflictos Laborales de ámbito estatal[43], que contempla un Servicio Interconfederal de Mediación y Arbitraje (SIMA), con funciones de solución extrajudicial de conflictos colectivos, y regula los procedimientos de mediación y arbitraje en el seno del mismo.

10.3. Mediación intrajudicial

Junto la mediación extrajudicial nos encontramos otra mediación que se desenvuelve en el marco del proceso judicial y que puede darse en varias instancias.

10.3.1. Intervención del Secretario Judicial

En el marco proceso laboral al Secretario Judicial se le atribuye desde las reformas contenidas en la Ley 13/2009 y Ley 35/2010 la competencia para intentar la conciliación, y en el art. 84 de la LRJS 36/2011 se puntualiza que lo hará "llevando a cabo la labor mediadora que le es propia".

Si las partes llegaran a un acuerdo, puede dictar De teniendo a todos los efectos legales la consideración de conciliación judicial,

[42] GARCIA PERROTE ESCARTIN, I. Manual de Derecho del Trabajo, Tirant Lo Blanch, Valencia 2011, p. 822.

[43] B.O.E. de 23 de febrero de 2012.

distinguiéndose de la jurisdicción propiamente dicha, que es la que se celebra ante el Juez. Se llevará a efecto por los trámites de la ejecución de sentencias.

Podrá no aprobarlo si lo convenido es constitutivo de lesión grave para alguna de las partes o para terceros, de fraude de ley o de abuso de derecho o contrario al interés público.

Las partes podrán ejercitar la acción de nulidad por las causas que invalidan los contratos y la impugnación por los posibles perjudicados podría fundamentarse en ilegalidad o lesividad[44].

10.3.2. *Mediación intrajudicial*

10.3.2.1. Configuración

La mediación laboral intrajudicial se configura como una posibilidad o instrumento de solución de conflictos en el orden social, y no como una alternativa al proceso, en que las partes involucradas buscan generar soluciones auxiliadas por un tercero imparcial, quien actúa como moderador para facilitar la comunicación.

Esta visión de la mediación esta avalada por la jurisprudencia comunitaria, que en sentencia del Tribunal Justicia de la Unión Europea de 27 de junio del año 2000 ha establecido que: "la solución de los conflictos derivados de la relación jurídica regulada, pueden ser sometidos a mediación o la formalización del acuerdo inter partes de mediación únicamente generará una obligación de resultado en cuanto al desarrollo de aquella".

10.3.2.2. Cobertura normativa.

Como cobertura normativa para la implantación de la Mediación Intrajudicial en la Jurisdicción Social nos encontramos:

- La Recomendación sobre conciliación y arbitraje voluntarios, 1951 (núm. 52).

---

[44] RENEDO JUAREZ, M.J. "Evitación del proceso y mediación intrajudicial en la jurisdicción social", en *Revista Jurídica de Castilla-Leon nº 29*, Valladolid, 2013, p. 6 y ss.

- La Recomendación sobre el examen de reclamaciones, 1967 (núm. 130), que incide en la idea del uso de los mecanismos voluntarios como forma de resolución de conflictos.
- La Directiva 2008/52/CE, relativa a ciertos aspectos relativos a la mediación, en este caso civil y mercantil, que puede ser extrapolado al proceso laboral.
- El artículo 19 de la LEC, de aplicación supletoria a la jurisdicción social, establece el derecho de las partes para disponer del objeto del juicio una transacción judicial por diversos medios; uno de esos medios alternativos de resolución de conflictos es la mediación, según dispone el Tribunal Supremo en autos 11-1-2001, RJ 2001/834, y 30-10-2002, RJ 2003/3314.
- LRJS; la Ley 36/2011, de 10 de octubre, reguladora de la jurisdicción social, establece en su art. 63 "Será requisito previo para la tramitación del proceso el intento de conciliación o, en su caso, de mediación ante el servicio administrativo correspondiente o ante el órgano que asuma estas funciones...".
- Real Decreto-ley 5/2012, de 5 de marzo.
- Ley 5/2012, de 6 de julio, de mediación en asuntos civiles y mercantiles.

10.3.2.3. Ventajas de la mediación

A continuación recogemos los efectos de resolverse un conflicto por sentencia o a través de la Mediación según el Protocolo para la Implantación de la Mediación elaborado por el Consejo General del Poder Judicial[45].

[45] *http://www.poderjudicial.es/cgpj/es/Temas/Mediacion/Que_es_la_mediacion/Protocolos/Mediacion_Social__Protocolo_de_Mediacion_Social*

	VIA CONSENSUAL	VIA CONTENCIOSA
1	Construye relaciones. Favorece la Comunicación.	Aumenta el distanciamiento. Favorece la incomunicación.
2	Disminuye tensiones. Aumenta el comportamiento pacifico.	Aumentan las tensiones. Favorece comportamientos conflictos.
3	Se alienta la cooperación.	Aumenta la competición. Se hacen victimas y desfiguran la realidad.
4	Se limitan las consecuencias negativas en el ámbito laboral. Pacifican las relaciones de Trabajo.	Probabilidad alta de consecuencias negativas en el seno de las relaciones laborales; represalias, absentismo laboral, falta de desarrollo profesional.
5	Eleva la satisfacción psicológica y personal	Probabilidad de alteración emocional y psicológica.
6	Asumen responsabilidades los propios participantes. Retoman su protagonismo.	Disminuye protagonismo, delegando la toma de decisión ante el Juez.
7	Se ajustan los acuerdos u opciones a sus necesidades reales.	Actitud negativa, a la defensiva.
8	Aumenta su información general e información coherente a las partes implicadas.	Están más desinformados.
9	Empieza a desaparecer sentimiento ganador/perdedor.	Luchan por ser ganadores a costa del otro.
10	Mira al futuro.	Se centran en el pasado.
11	Favorecen la flexibilidad, colaboración ante posibles cambios, incidencias.	Inflexibilidad ante posibles cambios.
12	Disminuye el coste: afectivo, económico y temporal.	Aumenta el coste: afectivo, económico y temporal.
13	Probabilidad alta de cumplimientos de resolución judicial.	Disminuye probabilidad del cumplimiento de la resolución judicial.

10.3.2.4. Intervinientes

a) *El Juez:* El Juez o Magistrado valoraría qué demandas son susceptibles de ser incluidas en mediación. En el Auto de admisión a trámite fundamentará la naturaleza *"mediable"* de la demanda presentada y citará a las partes ante el servicio de mediación como vía alternativa, explicando las incidencias que esta derivación puede conllevar en el proceso judicial en marcha, entrevista inicial a la que es aconsejable acudan los asesores jurídicos de las partes.

b) *Las Partes*: Los interesados han de ser informados del carácter voluntario y libre de la sujeción al proceso de mediación; han de conocer que ellos van a ser los verdaderos protagonistas a la ahora de alcanzar un acuerdo y delimitar las materias objeto de mediación, ayudados en todo caso por los mediadores y asesorados por sus representantes, siendo un principio rector de la mediación el de igualdad de las partes.

c) *El equipo de mediación:* Que debe dar garantías de independencia, seriedad y confidencialidad, y profesionalidad. Los Mediadores han de estar suficientemente formados. Así entiende FÁBREGA RUIZ que "se ha observado cómo la mediación es una importante forma de llevar a cabo la colaboración de los ciudadanos en la Administración de Justicia y en la solución de sus propios problemas. Pero esto no sería completo sin un plantel de mediadores suficientemente formados (se habla de personas procedentes de diversas titulaciones superiores con un arco de formación complementaria entre las 200-350 horas) y justamente retribuidos para llevar a cabo las labores de la mediación. Si las entidades públicas no entienden esto y continúan dejando las labores de mediación en manos de voluntarios que no pueden dedicar todo el tiempo necesario o utilizan estas labores para recolocar personal sobrante de otros servicios sin que esta tenga la formación adecuada, la mediación no dejara de ser un territorio de idealistas y no pasará a formar parte de nuestro sistema de justicia como forma de fomentar una cultura de la paz, la democracia y la tolerancia, una cultura del acuerdo más que de la confrontación, del respeto más que de la imposición. Ese es el objetivo de aquellos que creemos que otra forma de hacer justicia también es posible".[46]

d) *Los representantes de las Partes: Abogados y Graduados Sociales*: Que intervienen en el asesoramiento de la redacción de los acuerdos, acompañando con su asistencia técnica a su cliente en el procedimiento.

10.3.2.5. Cauce procedimental

a) *Derivación a mediación*: Interpuesta la demanda, el Juez al examinarla, decidirá si el caso es susceptible de ser somerito a la mediación intrajudicial. En caso de serlo en el Auto de admisión a trámite de la demanda, lo comunicará a las partes y les citará a una primera entrevista en el Servicio de mediación para ser informados de la mediación como medio alternativo de resolución de conflictos. Se fijará provisionalmente la fecha del juicio para aquellos casos en de que las partes decidan no acudir a la mediación tras la entrevista inicial, de inasistencia de éstos o para el supuesto de no alcanzarse un acuerdo.

b) *Entrevista inicial*: El mediador y las partes asistidas de sus representantes se reunirán ante el servicio de mediación el día que se les cite para que se les informe sobre la mediación como forma alternativa de resolución de conflictos, de las ventajas que conlleva para las partes, y se evaluará la voluntariedad de estas en orden a su participación.

Si las partes aceptan la mediación firmarán un documento de aceptación y derivación del asunto a los profesionales de la mediación, y se podrá suspender el juicio conforme a lo previsto en el artículo 83 de la LPL. Si no se aceptase la misma por la partes, se continuará de forma normal el proceso, quedando las partes citadas para el día del juicio.

[46] FÁBREGA RUIZ, C.F. "Mediación Intrajudicial. Una forma de participación del Ciudadano en la justicia", Bajo Estrados, Revista del Colegio de Abogados de Jaen.

c) *Sesiones de mediación:* Aceptada la mediación por las partes serán convocadas por el mediador para que acudan a las instalaciones del Servicio de Mediación, a las sesiones de mediación que correspondan y que al mediador entienda necesarias en orden a poder alcanzar un acuerdo.

d) *Acuerdo:* Se redactará por el Mediador, con el auxilio de los representantes de las partes, quienes concurrirán en el Juzgado aportando el acuerdo o desistiendo del proceso si lo consideran oportuno. El Acuerdo puede ser total o parcial. Si es total se aprobara por Auto, gozando de fiesta ejecutiva y si es parcial se celebrara el juicio sobre aquellas cuestiones sobre las que no hay sido posible el acuerdo[47].

ANEXOS: Modelos-Formularios

1. Papeleta de conciliación en reclamación de cantidad

SERVICIOS PERIFERICOS DE TRABAJO Y EMPLEO DE
JJ.CC DE CASTILLA-LA MANCHA EN GUADALAJARA

SERVICIO DE MEDIACIÓN, ARBITRAJE Y CONCILIACIÓN GUADALAJARA

D/DOÑA.............................., con domicilio en Guadalajara, C/ La Mina 19, con DNI/NIE ...., ante ese Servicio comparezco y como mejor proceda en Derecho, **DIGO:**

Que por medio del presente escrito vengo a interponer Papeleta de Conciliación por **RECLAMACION DE CANTIDAD** contra la Empresa .... con domicilio en Guadalajara, en Avenida de la Salinera 6B, 19005, de conformidad con los siguientes:

HECHOS

PRIMERO.- He venido trabajando para la cita empresa, desde el 03.01.2005 con la categoría laboral de Orientador Familiar, y percibiendo un salario men-

[47] RENEDO JUAREZ, M.J. "Evitación del proceso y mediación intrajudicial en la jurisdicción social", ..., p. 6 y ss.

sual de 2.246,25 €/brutos, cifra ésta en la que está incluida la prorrata por pagas extraordinarias.

SEGUNDO.- Que la Empresa ha procedido a extinguir mi relación laboral por causas objetivas por comunicación de fecha 6 de junio de 2012, haciendo efectiva dicha decisión extintiva con fecha 23 de junio del presente.

TERCERO.- Que se me reconoce una indemnización de 11.047,50 €,(que no se ha hecho efectiva), adeudándoseme además la cantidad de 255,00 € por la impartición de un Curso de Cuidador Especializado en Discapacidad y Dependencia FPCI/2011/019/7, y la cantidad de 1.560,00 en concepto de dietas.

FUNDAMENTOS DE DERECHO

PRIMERO.- Ley 36/2011, de 10 de octubre, reguladora de la jurisdicción social, en especial los artículos 63 y ss.

SEGUNDO.- Texto Refundido del Estatuto de los Trabajadores **aprobado por Real Decreto Legislativo 1/1995, de 24 de marzo.**

TERCERO.- En general, todas las disposiciones concordantes y complementarias al caso.

Por todo lo expuesto,

SOLICITO que habiendo por presentada este escrito con sus preceptivas copias tenga a bien convocar a los interesados para la celebración del acto de conciliación que intento, con indicación del lugar, día y hora, acordando se me expida y entregue copia certificada del acta que del mismo se levante.

OTROSI DIGO que señalo el domicilio de la Asesoría Jurídica ...., sito en Guadalajara, C/.- .... a efectos de recibir notificaciones. Asimismo, faculto solidariamente a los asesores jurídicos ...., para que me representen en el acto de conciliación y puedan obligarse en mi nombre en dicho acto, en los términos que consideren más oportunos.

AL OTROSI SOLICITO que se tengan por hechas las manifestaciones contenidas en el cuerpo del mismo.

Es justicia que solicito en Guadalajara a 12 de julio de 2012.

2. Papeleta de conciliación en reclamación de cantidad y despido

SERVICIOS PERIFERICOS DE TRABAJO Y EMPLEO DE
JJ.CC DE CASTILLA-LA MANCHA EN GUADALAJARA
SERVICIO DE MEDIACIÓN, ARBITRAJE Y CONCILIACIÓN
GUADALAJARA

D. ……………………, con domicilio para notificaciones en Guadalajara, C/ La Mina 19, con DNI/ NIE…………, ante ese Servicio comparezco y como mejor proceda en Derecho, **DIGO:**

Que por medio del presente escrito vengo a interponer Papeleta de Conciliación por **DESPIDO IMPROCEDENTE Y RECLAMACION DE CANTIDAD** contra la Empresa ………………………………………, en Calle Puerta Salinera 3 19420, de conformidad con los siguientes:

HECHOS

PRIMERO.- He venido trabajando para la cita empresa, desde el 05.07.2012 con la categoría laboral de Ayudante de Cocina, y percibiendo un salario mensual de 914,32 €/brutos, cifra ésta en la que no está incluida la prorrata por pagas extraordinarias.

Que fui contratado en la fecha anteriormente citada en virtud de contrato de duración determinada de carácter eventual del artículo 51.1 b) del ET sin concretar su causa, con fecha de finalización el 04.01.2013, siendo fijada de mutuo acuerdo con fecha 23.07.2013 otra fecha de finalización en 04.07.2013.

SEGUNDO.- Que he sido despedido con fecha 15.01.2013 de forma verbal sin ninguna explicación o motivo y estando en situación de baja.

TERCERO.- Que solo se me han abonado las nominas del mes de julio y del mes de septiembre, adeudándoseme las de agosto, octubre, noviembre, diciembre y enero, más la parte proporcional de la paga de navidad y de septiembre, ascendiendo a un total de 5.017,91 euros brutos:

AGOSTO	914,32
OCTUBRE	914,32
NOVIEMBRE	914,32
DICIEMBRE	914,32
ENERO	457,16
PAGA EXTRA DICIEMBRE	761,93
PAGA SEPTIEMBRE	141,54
	5.017,91 €

FUNDAMENTOS DE DERECHO

PRIMERO.- **Ley 36/2011, de 10 de octubre, reguladora de la jurisdicción social**, en especial los artículos 63 y ss.

SEGUNDO.- **Texto Refundido del** Estatuto de los Trabajadores **aprobado por Real Decreto Legislativo 1/1995, de 24 de marzo.**

TERCERO.- **Convenio Colectivo de la Hostelería en Guadalajara.**

CUARTO.- En general, todas las disposiciones concordantes y complementarias al caso.

QUINTO.- Tribunal Supremo Sala 4ª, S 12-6-2012, Rec. 3375/2011 en relación a los contratos de duración determinada de carácter eventual sin causa y sin haberse superado el plazo máximo de duración pactado de mutuo acuerdo por las partes.

Por todo lo expuesto,

SOLICITO que habiendo por presentada este escrito con sus preceptivas copias tenga a bien convocar a los interesados para la celebración del acto de conciliación que intento, con indicación del lugar, día y hora, acordando se me expida y entregue copia certificada del acta que del mismo se levante.

OTROSI DIGO que señalo el domicilio de la Asesoría Jurídica de , sito en Guadalajara, C/.- .... a efectos de recibir notificaciones. Asimismo, faculto solidariamente a los asesores jurídicos ...., para que me representen en el acto de conciliación y puedan obligarse en mi nombre en dicho acto, en los términos que consideren más oportunos.

AL OTROSI SOLICITO que se tengan por hechas las manifestaciones contenidas en el cuerpo del mismo.

Es justicia que solicito en Guadalajara a 31 de enero de 2013.

3. PAPELETA DE CONCILIACIÓN POR DESPIDO

SERVICIOS PERIFERICOS DE TRABAJO Y EMPLEO DE
JJ.CC DE CASTILLA-LA MANCHA EN GUADALAJARA

SERVICIO DE MEDIACIÓN, ARBITRAJE Y CONCILIACIÓN
GUADALAJARA

D...................., con domicilio para notificaciones en Guadalajara, C/ ...., con DNI/NIE nº ...., ante ese Servicio comparezco y como mejor proceda en Derecho, **DIGO:**

Que por medio del presente escrito vengo a interponer Papeleta de Conciliación por **DESPIDO IMPROCEDENTE** contra la Empresa .... con domicilio en Guadalajara, en Calle Ingeniero Mariño 5, de conformidad con los siguientes:

HECHOS

PRIMERO.- He venido trabajando para la cita empresa, desde el 06.08.2010 con la categoría laboral de Ayudante de Camarero, y percibiendo un salario mensual de 1135,57 €/brutos, cifra ésta en la que está incluida la prorrata por pagas extraordinarias.

Que fui contratado en la fecha anteriormente citada en virtud de contrato temporal a tiempo completo, siendo transformado en mi contrato en indefinido a tiempo completo con fecha 01.08.2011.

SEGUNDO.- Que he sido despedido con fecha 31.01.2013 sin indicarme expresamente la causa.

TERCERO.- Que no he recibido ningún tipo de indemnización o finiquito.

FUNDAMENTOS DE DERECHO

PRIMERO.- Ley 36/2011, de 10 de octubre, reguladora de la jurisdicción social, en especial los artículos 63 y ss.

SEGUNDO.- Texto Refundido del Estatuto de los Trabajadores **aprobado por Real Decreto Legislativo 1/1995, de 24 de marzo.**

TERCERO.- Convenio Colectivo de la Hostelería en Guadalajara.

CUARTO.- En general, todas las disposiciones concordantes y complementarias al caso.

Por todo lo expuesto,

SOLICITO que habiendo por presentada este escrito con sus preceptivas copias tenga a bien convocar a los interesados para la celebración del acto de conciliación que intento, con indicación del lugar, día y hora, acordando se me expida y entregue copia certificada del acta que del mismo se levante.

OTROSI DIGO que señalo el domicilio de la Asesoría Jurídica ...., sito en Guadalajara, C/.- .... a efectos de recibir notificaciones. Asimismo, faculto solidariamente a los asesores jurídicos ...., para que me representen en el acto de conciliación y puedan obligarse en mi nombre en dicho acto, en los términos que consideren más oportunos.

AL OTROSI SOLICITO que se tengan por hechas las manifestaciones contenidas en el cuerpo del mismo.

Es justicia que solicito en Guadalajara a 21 de febrero de 2013.

4. Citación del SMAC

CÉDULA DE CITACIÓN

Por la presente se ie cita para que a las **10:30 horas del día 15 de mayo de 2013,** en la Sala de Conciliaciones **COMPAREZCA** por sí mismo/a o legalmente representado/a (si es persona física con su N.I.F./N.I.E. y si es persona jurídica con la escritura o poder y su correspondiente N.I.F./N.I.E.), en el S.M.A.C. , a fin de celebrar el obligatorio Acto de Conciliación a que se refiere ia papeleta adjunta, acompañado, si lo desea, de un *hombre bueno.* Todo ello de conformidad con lo establecido en el Art°. 8.3 del Real Decreto 2756/1979, de 23 de noviembre, (B.O.E. 291, de 5 de diciembre), y arts. 63 y siguientes de la Ley 36/2011, de 10 de octubre, reguladora de la jurisdicción social (B.O.E. de 11 de octubre).

EL LETRADO/A CONCILIADOR/A,

5. Acta de Conciliación con avenencia

En Guadalajara, a 15 de mayo de 2013, siendo las 10:30 horas.

ANTE MÍ, ..., Letrada Conciliadora del S.M.A.C., para conocer en este Acto del Expediente de Conciliación al margen referenciado, por el concepto de ***DESPIDO Y CANTIDAD,*** promovido el día 07/02/2013, a solicitud de D......., cuyas circunstancias ya constan, frente a ....

Llamadas las partes, comparecen el ***SOLICITANTE*** D. ...., provisto del NIE/DNI........., acompañado del letrado D. ...., y como ***INTERESADO*** ...., por sí mismo, provisto del N.I.F. 05421804-Z acompañado de....................

ABIERTO EL ACTO y tras la lectura de la Papeleta de Conciliación formulada por el Solicitante, éste manifiesta que se afirma y ratifica en la misma.

Concedida la palabra al Interesado, contesta que no se ha producido un despido del trabajador, sino la comunicación del fin del contrato de duración determinada; no obstante, se reconoce adeudar la indemnización por fin de contrato así como el finiquito, ofreciendo por ambos conceptos la cantidad de 2.100€, que se abonarían de forma aplazada en 6 mensualidades.

Concedida la palabra al trabajador, éste acepta el ofrecimiento de la empresa.

Exhortados por la Letrada Conciliadora para llegar a una avenencia conciliatoria, se llega al siguiente acuerdo: "Dar por zanjada la presente reclamación y por extinguido el vínculo laboral que unió a las partes con fecha de efectos **30/04/2013,** por fin del contrato de duración determinada, mediante la entrega de la cantidad neta de DOS MIL CIEN EUROS (2.100-euros) en concepto de INDEMNIZACIÓN fin de contrato, LIQUIDACIÓN, SALDO Y FINIQUITO y que la empresa interesada hará efectiva al solicitante en 6 plazos mensuales y consecutivos, por importe cada uno de ellos de 350€, que se abonarán antes del día 15 de los meses comprendidos entre marzo y agosto de 2013, ambos incluidos, mediante transferencia bancaria a la cuenta que el solicitante facilitará a lo largo del día de hoy a la gestoría de la empresa."

Por la letrada conciliadora, se advierte a las partes, y así se hace constar, que el incumplimiento de cualquiera de los pagos en los plazos acordados producirá el vencimiento anticipado del resto de la deuda y facultará a la solicitante a ejecutar por vía de apremio, por el trámite de ejecución de sentencias, lo convenido en conciliación pendiente de abono.

Terminando el Acto de Conciliación, en su virtud, ***CON AVENENCIA,*** siendo las 11:20 horas.

Todo lo que se acredita por la presente que, leída a los asistentes, la encuentran conforme, haciéndoseles entrega de la correspondiente copia certificada y firmando conmigo, de lo que doy fe.

6. Acta de Conciliación sin avenencia

En Guadalajara a 15 de mayo de 2013.

ANTE MÍ, Dª......................., Letrada Conciliadora del S.M.A.C., para conocer en este Acto del Expediente de Conciliación al margen referenciado, por el concepto de **CANTIDAD** promovido el día 24/02/2013 a solicitud de Dª................................ .., cuyas circunstancias ya constan, frente a ...., con domicilio en GUADALAJARA C/ León Felipe, 2.

Llamadas las partes, comparecen la **SOLICITANTE** Dª. ...., acompañada del letrado ...., y como **INTERESADO** ...., representado legalmente por .... , provisto del N.I.F. ...., Administrador Único, ***según*** escritura de elevación a público de acuerdos sociales de la sociedad, cese de administradores solidarios y nombramiento de administrador único, otorgada ante el Notario de Guadalajara D....................., el día 27/02/2012, al nº. 541, de su protocolo que exhibe y retira.

ABIERTO EL ACTO y tras la lectura de la Papeleta de Conciliación formulada por la Solicitante, ésta manifiesta que se afirma y ratifica en la misma.

Concedida la palabra al interesado, contesta que reconoce adeudar los conceptos reclamados por la Solicitante, pero que debido a la situación de iliquidez en la que se encuentra actualmente la empresa no puede comprometerse a una fecha determinada de pago.

Exhortados por la Letrada Conciliadora para llegar a una avenencia conciliatoria, ambas partes insisten en sus manifestaciones, por lo que no siendo posible llegar a ningún acuerdo, se tiene por celebrado el Acto de Conciliación **SIN AVENENCIA,** siendo las 10:40 horas.

Todo lo que se acredita por la presente que, leída a los asistentes, la encuentran conforme, haciéndoseles entrega de la correspondiente copia certificada y firmando conmigo, de lo que doy fe.

7. Ejecución acta de conciliación

AL JUZGADO DE LO SOCIAL DE GUADALAJARA
QUE POR TURNO DE REPARTO CORRESPONDA

D. ...., con domicilio para notificaciones en esta ciudad, calle la Mina 19, y D.N.I. , ante el Juzgado comparezco y como mejor en derecho proceda, DIGO:

Que por medio del presente escrito y en virtud del artículo 68 de la Ley 36/2011, de 10 de octubre, reguladora de la jurisdicción social, solicito la **EJECUCIÓN FORZOSA de lo convenido en acto de conciliación extrajudicial**, y ello en base a los siguientes:

HECHOS

PRIMERO.- Esta parte presentó en fecha 24 de enero de 2013 papeleta de conciliación por despido y reclamación de cantidad contra la empresa "..... SL".

SEGUNDO.- Citadas las partes se celebró acto de conciliación extrajudicial ante el Servicio de Mediación de Guadalajara, concluyó el mismo con avenencia entre las partes en los siguientes términos:

Exhortados por la Letrada Conciliadora para llegar a una avenencia conciliatoria, se llega al siguiente acuerdo: "Dar por zanjada la presente reclamación y por extinguido el vínculo laboral que unió a las partes con fecha de efectos **15/01/2013**, mediante la entrega de la cantidad neta de DIECISISETE MIL TRECE EUROS CON SESENTA CÉNTIMOS (17.013,60 euros) de los que 2.300,00 € corresponden a la INDEMNIZACIÓN POR DESPIDO, que ya le ha sido abonada con anterioridad al presente acto, y **14.713,60 €** a NOMINAS PENDIENTES, DIETAS, GASTOS Y LIQUIDACIÓN, SALDO Y FINIQUITO y que la empresa interesada hará efectiva al solicitante en cinco plazos mensuales y consecutivos, los cuatro primeros por importe de 3.000,00 € cada uno de ellos, y el quinto y último por importe de 2.713,60 €, y que se abonaran todos ellos los días 25 de los meses comprendidos entre febrero y junio de 2013, ambos incluidos, mediante transferencia bancaria a la cuenta nº 2100 4900 64 2100077101 de Caixa Bank donde el trabajador percibía habitualmente sus haberes".

Por la letrada conciliadora, se advierte a las partes, y así se hace constar, que el incumplimiento de cualquiera de los pagos en los plazos acordados producirá el vencimiento anticipado del resto de la deuda y facultará a la solicitante a ejecutar por vía de apremio, por el trámite de ejecución de sentencias, lo convenido en conciliación pendiente de abono.

Terminando el Acto de Conciliación, en su virtud, **CON AVENENCIA**, siendo las 11:40 horas.

TERCERO.- Llegada la fechas mentadas, y ante la pasividad de la empresa al abono de las cantidades convenidas, se hicieron diversas gestiones amistosas para lograr el cumplimiento voluntario del acuerdo, resultando todas ellas infructuosas, lo que me ha obligado a solicitar la ejecución de lo convenido, por la cantidad indicada que asciende a 14.713,60 euros, más 1.500 euros que se estiman para intereses y costas sin perjuicio de posterior liquidación.

CUARTO.- El artículo 68 de la LRJS dispone que "Lo acordado en conciliación tendrá fuerza ejecutiva entre las partes intervinientes sin necesidad de ratificación ante el Juez o Tribunal, pudiendo llevarse a efecto por el trámite de ejecución de sentencia".

FUNDAMENTOS DE DERECHO

PRIMERO.- Ley 36/2011, de 10 de octubre, reguladora de la jurisdicción social.

SEGUNDO.- Texto Refundido del Estatuto de los Trabajadores **aprobado por Real Decreto Legislativo 1/1995, de 24 de marzo.**

TERCERO.- En general, todas las disposiciones concordantes y complementarias al caso.

En su virtud,

SUPLICO AL JUZGADO: que tenga por presentado este escrito, con sus copias y documentos, por el/la Secretario/a judicial se sirva admitirlo y se tenga por instada la ejecución forzosa de lo acordado en acto de conciliación extrajudicial, por la cantidad de 14.713,60 euros de principal y 1.500 euros que provisionalmente se calculan para intereses y costas, y se acuerde, en su virtud el embargo de los bienes de la ejecutada en cuantía suficiente para cubrir dichas cantidades.

Es Justicia que pido en Guadalajara a 13 de marzo de 2013.

PRIMER OTROSI DIGO: Que a efectos de la traba de los bienes del ejecutado señalo los siguientes:

- Cuentas Corrientes, valores, depósitos, titularidad de ".... SLU", previo oficio dirigido a las siguientes entidades bancarias, para que por persona autorizada, se remita certificación de saldos que pudiere haber el ejecutado , procediendo al embargo en cuantía suficiente para cubrir la señalada:
  - * Caja......
  - * B.....
- Bienes muebles que pudiera haber en la nave de la mercantil sita en .... (Guadalajara).
- Bienes inmuebles, nave de la mercantil sita en .... (Guadalajara).

SEGUNDO OTROSI DIGO: Que en virtud del artículo 249 de LRJS y desconociendo esta parte otros bienes que pudiera tener el ejecutado, solicito se le requiera a fin de que haga manifestación de sus bienes.

SUPLICO AL JUZGADO: Que teniendo por hechas las referidas manifestaciones se acuerde el embargo de los bienes designados y se practique el requerimiento solicitado.

Es justicia que pido en lugar y fecha indicados.

11.
UN EJEMPLO DE SOLUCIÓN EXTRAJUDICIAL DE CONFLICTOS LABORALES. EL JURADO ARBITRAL LABORAL DE CASTILLA-LA MANCHA

11.1. Introducción

El Jurado Arbitral Laboral de Castilla-La Mancha es una Fundación tutelada por la Consejería de Trabajo y Empleo cuya finalidad es el ejercicio de las funciones de conciliación, mediación y arbitraje en materia laboral, en beneficio de las empresas y los trabajadores de Castilla-La Mancha, previstas en el II Acuerdo sobre solución extrajudicial de conflictos laborales.

El II Acuerdo sobre Solución Extrajudicial de Conflictos Laborales de Castilla-La Mancha (II ASEC-CLM) tiene por objeto el mantenimiento y desarrollo de un sistema de solución de conflictos colectivos laborales surgidos entre empresarios y trabajadores o sus respectivas organizaciones representativas[48].

Son susceptibles de someterse a los procedimientos previstos en dicho Acuerdo, los siguientes tipos de conflictos laborales:

A) Conflictos Colectivos

a) Los conflictos colectivos de interpretación y aplicación definidos de conformidad con lo establecido en el artículo en el

[48] Publicado el día 11 de Junio de 2009 en el Diario Oficial de Castilla-La Mancha (Número 112).

artículo 151 del Texto Refundido de la Ley de Procedimiento Laboral.

b) Los conflictos ocasionados por discrepancias surgidas durante la negociación de un Convenio Colectivo y otro acuerdo o pacto colectivo, en los términos que establezca el II-ASEC-CLM.

c) Los conflictos que den lugar a la convocatoria de una huelga o que se susciten sobre la determinación de los servicios de seguridad y mantenimiento en caso de huelga.

d) Los conflictos derivados de discrepancias surgidas en el período de consultas exigido por los artículos 40, 41, 47 y 51 del Texto Refundido de la Ley del Estatuto de los Trabajadores.

e) Las controversias colectivas que, sin revestir la forma de demanda judicial de conflicto colectivo jurídico, surjan con ocasión de la aplicación e interpretación de un Convenio Colectivo.

B) Conflictos Individuales: (Posibilidad en suspenso en la actualidad[49])

a) Reclamaciones individuales sobre clasificación profesional, movilidad funcional y trabajos de superior o inferior categoría.

b) Modificación sustancial de las condiciones de trabajo.

c) Traslados y desplazamientos.

d) Discrepancias en materia de licencias, permisos, reducciones de jornada, incluidos los vinculados con el cuidado de hijos y familiares.

e) Sanciones por infracciones del Orden Social Laboral[50].

---

49 Resolución de 27/03/2012, de la Dirección General de Relaciones Laborales, por la que se dispone la publicación del acta de firma de modificación del Segundo Acuerdo sobre Solución Extrajudicial de Conflictos Laborales de Castilla-La Mancha

50 *http://www.castillalamancha.es/gobierno/empleoyeconomia/estructura/dgessl/actuaciones/jurado-arbitral-laboral-de-castilla-la-mancha*

11.2. Procedimientos

Los procedimientos establecidos en el II ASEC-CLM para la solución de los conflictos son:

11.2.1. **La Mediación**, que será obligatoria en los supuestos de conflicto colectivo e individual (actualmente en suspenso) y en todo caso, siempre que la demande una de las partes del conflicto. Este procedimiento sustituye a la conciliación administrativa previa a los efectos previstos en los artículos 63 y ss. de la Ley de la Jurisdicción Social.

En los *casos de conflictos colectivos*, el procedimiento de mediación será obligatorio cuando lo solicite una de las partes legitimadas. El procedimiento de mediación regulado en el presente Acuerdo sustituye al trámite de conciliación administrativa previa recogido en la Ley de la Jurisdicción Social, y constituye un requisito previo para la interposición de demandas ante la jurisdicción laboral.

La mediación será desarrollada por un órgano colegiado que, de conformidad con lo prevenido en este Acuerdo, procurará de manera activa solventar las diferencias que dieron lugar al conflicto.

Iniciación del procedimiento de mediación. Para el mejor desarrollo del procedimiento, en cada una de las Delegaciones del Jurado Arbitral Laboral de Castilla La Mancha existirá a disposición de los interesados modelos normalizados[51].

Tramitación de la Mediación en los casos de Conflicto Colectivo:

a) Instada la mediación ante el Jurado Arbitral Laboral de Castilla-La Mancha, el delegado provincial o en su caso regional, examinará la documentación exigida en el artículo anterior y caso de faltar alguno de los documentos, se lo notificará a la parte que ha instado el procedimiento dando un plazo de 24 horas para subsanar los errores advertidos y caso de no realizarlo, archivará la solicitud sin más trámites. Contra la inadmisión de la solicitud, cabe recurso ante la

---

51 Anexos 1, 2, y 3 de este capítulo.

Secretaría regional del Jurado en el plazo de 24 horas desde la resolución denegatoria, teniéndose que pronunciar sobre la procedencia o no de la solicitud en el plazo de otras 24 horas. Contra dicho pronunciamiento, no cabe recurso.

b) Instada la mediación y admitida a trámite, se desarrollará la misma en el plazo de diez días, salvo que las partes acuerden un plazo mayor, que no excederá de 15 días. Durante los tres primeros días hábiles de dicho período, el Jurado Arbitral Laboral deberá atender la solicitud de mediadores y convocarlos, una vez designados para llevar a cabo la mediación. Si las partes no hubieran designado mediadores en el plazo de 3 días, el Jurado Arbitral Laboral instará a las partes para que los designen y, en caso de no hacerlo, los designará el propio Delegado provincial del Jurado Arbitral Laboral entre los mediadores que cada organización haya nombrado en esa provincia, en el plazo de 24 horas.

En el caso de huelga, la mediación deberá producirse a solicitud de los convocantes. Éstos deberán formular por escrito su solicitud incluyendo los objetivos de la huelga, las gestiones realizadas y la fecha prevista para el inicio de la huelga. De dicho escrito, se enviará copia al empresario. En éste caso, el procedimiento de mediación tendrá una duración de setenta y dos horas desde su inicio, salvo que las partes, de común acuerdo, prorroguen dicho plazo, que no excederá de 48 horas más. El Jurado Arbitral Laboral deberá, en el plazo de veinticuatro horas, atender la solicitud de mediadores, designarlos si no lo hubieran hecho las partes y convocarlas para llevar a cabo la mediación.La comparecencia a la correspondiente instancia mediadora es obligatoria para ambas partes, como consecuencia del deber de negociar implícito a la naturaleza de esta mediación. El escrito de comunicación formal de la convocatoria de huelga deberá especificar que se ha intentado la mediación en los plazos anteriormente indicados o que, llevada a cabo, ésta se ha producido sin avenencia. De no acreditarse por los convocantes tal circunstancia, se entenderá que la huelga no se encuentra debidamente convocada.

c) La actividad de los mediadores comenzará inmediatamente después de su designación. El procedimiento se desarrollará según los trámites que el órgano de mediación considere apropiados. Los mediadores recabarán la información que consideren precisa para su función, garantizando, en todo caso, la confidencialidad de la información.

Durante la comparecencia, el órgano de mediación, compuesto por cuatro mediadores, dos por parte sindical, uno por cada sindicato y dos por parte patronal, intentará la avenencia de las partes. El Presidente del órgano de mediación moderará el debate y concederá a las partes cuantas intervenciones considere oportunas. Se garantizará, en todo caso, el derecho de audiencia de los personados, así como el principio de igualdad y contradicción, sin que se produzca indefensión.

Duración del procedimiento de mediación. La duración máxima del procedimiento de mediación será de diez días hábiles para los conflictos colectivos y de cinco para los individuales, salvo lo dispuesto para el caso de huelga, que será de 72 horas. Transcurridos dichos plazos sin haberse celebrado el acto, se tendrá por terminado el procedimiento y cumplido el trámite, quedando abierta la vía judicial. No obstante, podrá ser prorrogado por decisión de ambas partes y cuantas veces lo consideren preciso, siempre que los plazos legales para el ejercicio de la acción judicial lo permitan.

Acto de mediación. Llegado el momento fijado para la celebración del acto de mediación, se procederá a la constitución del Órgano de Mediación, como órgano paritario conformado por los mediadores que hayan sido designados.

La inasistencia al acto de alguno o algunos de los mediadores que aparezcan como designados en el expediente no determinará la suspensión del procedimiento si, garantizándose la naturaleza paritaria del Órgano, las ausencias se cubren con la asistencia de otros mediadores de las listas aprobadas por el Jurado Arbitral Laboral de Castilla-La Mancha para la provincia donde se esté tramitando el procedimiento.

La asistencia al acto de mediación será obligatoria para las partes, pudiendo comparecer por medio de representantes y asistidas de asesores. La inasistencia injustificada de la parte solicitante determinará el archivo de las actuaciones, levantándose acta en la que se dará por terminado el procedimiento con el resultado de "desistido".

La inasistencia injustificada de la parte o de alguna de las partes frente a las que se formula la solicitud de mediación provocará que se dé por finalizado el procedimiento respecto de las mismas, levantándose acta en la que se hará constar la terminación del procedimiento respecto de la parte o partes que no hayan asistido con el resultado de "intentado sin efecto".

Abierto el acto y constituido el Órgano de Mediación, el Delegado Provincial del Jurado Arbitral Laboral comprobará la identidad de las partes y, en su caso, el título en que fundamenten su representación.

El acto de mediación se desarrollará según los trámites que el Órgano de Mediación considere apropiados. El Órgano de Mediación intentará la avenencia de las partes, moderando el debate y concediendo a las partes cuantas intervenciones consideren oportunas. Se garantizará, en todo caso, el derecho de audiencia a los personados, así como el principio de igualdad, gratuidad y contradicción, sin que se produzca indefensión.

El Órgano de Mediación podrá convocar a las partes a sucesivas reuniones, haciéndose constar en el acta que se levante de la reunión la fecha, la hora y el lugar previsto para la celebración de la siguiente, así como el conocimiento de tales extremos por los asistentes al acto. Para la solución del conflicto, y dentro de la duración máxima del procedimiento de mediación, el Órgano de Mediación podrá proponer a las partes las propuestas de solución que tenga por convenientes, incluida la posibilidad de someter el conflicto a arbitraje, que quedarán incorporadas al acta.

Finalización de la mediación. Tras la comparecencia y agotado el trámite de audiencia, los mediadores podrán formular propuestas para la solución del conflicto, que podrán incluir el sometimiento de las discrepancias a arbitraje. Las partes aceptarán o rechazarán de manera expresa las propuestas formuladas. El acuerdo de las partes de someter la cuestión a arbitraje termina la mediación sin necesidad de agotamiento de los plazos.

El acuerdo en mediación, si se produjera, se formalizará por escrito, presentándose, en su caso, copia a la autoridad laboral competente a los efectos previstos en el texto refundido de la Ley del Estatuto de los Trabajadores. Los efectos del acta final en que conste el acuerdo serán los propios de un Convenio Colectivo de eficacia general cuando la suma de los que lo hayan aceptado sea suficiente para atribuir dicha eficacia en el ámbito del conflicto.

Eficacia de las soluciones alcanzadas. Los acuerdos que se alcancen en el procedimiento de mediación establecido en el presente Acuerdo gozarán de la misma eficacia y efectos que los establecidos en la Ley de Procedimiento Laboral y demás preceptos aplicables para los acuerdos alcanzados en conciliación administrativa, teniendo fuerza ejecutiva entre las partes intervinientes sin necesidad de ratificación ante el Juez o Tribunal, pudiéndose llevar a efecto por el trámite de ejecución de sentencias.

11.2.2. **El Arbitraje**, que sólo será posible cuando ambas partes, de mutuo acuerdo, lo soliciten por escrito.

El procedimiento de arbitraje requerirá la manifestación expresa de voluntad de las partes en conflicto de someterse a la decisión imparcial de un árbitro o árbitros, que tendrá carácter de obligado cumplimiento[52].

Las partes podrán promover el arbitraje sin necesidad de acudir previamente al procedimiento de mediación previsto en el capítulo precedente, o hacerlo con posterioridad a su agotamiento o durante su transcurso.

Una vez formalizado el compromiso arbitral, las partes se abstendrán de instar cualesquiera otros procedimientos sobre la cuestión o cuestiones sujetas a arbitraje.

---

52 Anexos 4, y 5 de este capítulo.

El compromiso arbitral habrá de presentarse y tramitarse ante la Delegación del Jurado Arbitral Laboral de la provincia o provincias en que se desarrolle la prestación de servicios, a elección de las partes.

Tramitación del arbitraje. La actividad del árbitro o árbitros comenzará inmediatamente después de su designación. El procedimiento se desarrollará según los trámites que el órgano arbitral considere apropiados, pudiendo requerir la comparecencia de las partes, solicitar documentación complementaria o recabar el auxilio de expertos si lo estimara necesario.

Se garantizará, en todo caso, el derecho de audiencia de los personados, así como el principio de igualdad y contradicción, sin que se produzca indefensión. De las sesiones que se produzcan se levantará acta certificada suscrita por el árbitro o árbitros.

Finalización del arbitraje. El laudo deberá emitirse en el plazo máximo de veinte días hábiles a partir de la comparecencia de las partes. Excepcionalmente, atendiendo a las dificultades del conflicto y a su trascendencia, el árbitro podrá prorrogar el mencionado plazo de diez días mediante resolución motivada, debiendo, en todo caso, dictarse el laudo antes del transcurso de treinta días hábiles. El laudo arbitral habrá de ser motivado y notificarse a las partes inmediatamente, será vinculante e inmediatamente ejecutiva y será objeto de depósito en el Jurado Arbitral Laboral de Castilla La Mancha y remitido a la autoridad laboral para su depósito, registro y publicación cuando ello proceda.

Impugnación del laudo arbitral. El laudo arbitral sólo podrá ser impugnado en el plazo de 30 días cuando el árbitro o árbitros se hayan excedido de sus competencias resolviendo cuestiones ajenas al compromiso arbitral, hayan vulnerado notoriamente los principios que han de animar el procedimiento arbitral, rebasen el plazo establecido para dictar resolución o ésta contradiga normas constitucionales o legales. En estos casos procederá el recurso de anulación previsto en el art. 65.4 de Ley 36/2011, de 10 de octubre, reguladora de la jurisdicción social.

ANEXOS: Escritos

1. Escrito de iniciación al tramite mediación conflicto individual

JURADO ARBITRAL LABORAL
CASTILLA - LA MANCHA

Expediente Núm: ____________

(A cumplimentar por el J.A.L.)

ESCRITO DE INICIACIÓN AL TRÁMITE DE MEDIACIÓN EN CONFLICTO INDIVIDUAL

INTERESADO SOLICITANTE

NOMBRE Y APELLIDOS O RAZÓN SOCIAL

N.I.F.:

TÍTULO CONFORME AL QUE ACTÚA (1)

DIRECCIÓN

C/ : MUNICIPIO: PROVINCIA:	C.P.:	TELÉFONO: FAX: E:MAIL:

DOMICILIO, TELÉFONO, FAX Y E:MAIL, A EFECTOS DE NOTIFICACIONES

C/ : MUNICIPIO: PROVINCIA:	C.P.:	TELÉFONO: FAX: E:MAIL:

EN CASO DE VALERSE DE ABOGADO O ASESOR, SEÑALAR NOMBRE Y APELLIDOS

NOMBRE: APELLIDOS:

SECTOR DE ACTIVIDAD:

CONVENIO COLECTIVO APLICABLE:

NÚMERO DE TRABAJADORES DE LA PLANTILLA:

NÚMERO DE TRABAJADORES AFECTADOS:

NÚMERO DE EMPRESAS AFECTADAS:

JURADO
ARBITRAL
LABORAL
CASTILLA - LA MANCHA

INTERESADO NO SOLICITANTE

NOMBRE Y APELLIDOS O RAZÓN SOCIAL

N.I.F.:

DIRECCIÓN

C/ : **MUNICIPIO:** **PROVINCIA:**	**C.P.:**	**TELÉFONO:** **FAX:** **E:MAIL:**

DOMICILIO, TELÉFONO, FAX Y E:MAIL, A EFECTOS DE NOTIFICACIONES

C/ : **MUNICIPIO:** **PROVINCIA:**	**C.P.:**	**TELÉFONO:** **FAX:** **E:MAIL:**

EN CASO DE VALERSE DE ABOGADO O ASESOR, SEÑALAR NOMBRE Y APELLIDOS

NOMBRE:
APELLIDOS:

DESIGNA COMO MEDIADOR/A (Parte Empresarial)

La parte compareciente ante el Jurado Arbitral Laboral de Castilla-La Mancha

MANIFIESTA

PRIMERO: Conforme a los Artículos 5.2 y 16 B del Segundo Acuerdo sobre Solución Extrajudicial de Conflictos Laborales de Castilla-La Mancha (II ASEC-CLM) se solicita la iniciación de mediación de conflicto individual y cada una de las partes, individualmente afectadas por el conflicto, manifiestan su voluntad libre y expresa de sometimiento al procedimiento de mediación del Jurado Arbitral Laboral de Castilla-La Mancha.

JURADO ARBITRAL LABORAL
CASTILLA - LA MANCHA

SEGUNDO: **La controversia sometida a mediación ante el Jurado Arbitral Laboral de Castilla-La Mancha es la siguiente:**

1.- Exposición de los hechos que originan el conflicto:

2.-Identificación de la pretensión:

3.- Datos del trabajador afectado:

Antigüedad en la empresa:
Categoría Profesional:
Salario bruto diario con inclusión de prorrata de pagas extraordinarias:

4.- Documentación que se acompaña:

1.-
2.-
3.-
4.-

JURADO
ARBITRAL
LABORAL
CASTILLA – LA MANCHA

TERCERO: Del trámite de mediación, el Delegado del Jurado Arbitral Laboral levantará acta. En caso de desacuerdo, el Jurado Arbitral Laboral ofrecerá a las partes la posibilidad de someterse al procedimiento de arbitraje que se regula en el Artículo 25 y siguientes del ASEC-II de CLM.

CUARTO: El acuerdo adoptado entre las partes en trámite de mediación tendrá los efectos previstos en el artículo 68 el Texto Refundido de la Ley de Procedimiento Laboral y pondrá fin al conflicto, teniendo fuerza ejecutiva entre los intervinientes sin necesidad de ratificación ante un Juez o Tribunal, pudiendo llevarse a efecto por el trámite de ejecución de sentencia.

QUINTO: La iniciación del procedimiento de mediación impedirá el ejercicio de acciones judiciales o administrativas, o cualquier otra dirigida a la solución del conflicto, por el motivo o causa objeto de la mediación, en tanto dure ésta.

Albacete martes, 21 de mayo de 2013

Firma:

**(1) Cuando se comparezca por medio de representante, habrá de acompañarse copia del título en virtud del que tal representante actúa.
Consignar el cargo que ostente el representante de la Empresa (Propietario, Director, Gerente, Consejero Delegado, Administrador, Apoderado, etc.)**

2. Escrito de iniciación al tramite mediación conflicto colectivo – Trabajadores

JURADO ARBITRAL LABORAL
CASTILLA – LA MANCHA

Expediente Núm:

(A cumplimentar por el J.A.L.)

ESCRITO DE INICIACIÓN AL TRÁMITE DE MEDIACIÓN EN CONFLICTO COLECTIVO

TRABAJADORES (REPRESENTACIÓN DE LOS TRABAJADORES)

1.- NOMBRE Y APELLIDOS

N.I.F.

DIRECCIÓN

C/: **MUNICIPIO:** **PROVINCIA:**	**C.P.:**	**TELÉFONO:** **FAX:** **E:MAIL:**

CARÁCTER DE REPRESENTACIÓN

DOMICILIO A EFECTOS DE NOTIFICACIONES

C/: **MUNICIPIO:** **PROVINCIA:**	**C.P.:**	**TELÉFONO:** **FAX:** **E:MAIL:**

2.- NOMBRE Y APELLIDOS

N.I.F.

DIRECCIÓN

C/: **MUNICIPIO:** **PROVINCIA:**	**C.P.:**	**TELÉFONO:** **FAX:** **E:MAIL:**

CARÁCTER DE REPRESENTACIÓN

DOMICILIO A EFECTOS DE NOTIFICACIONES

C/: **MUNICIPIO:** **PROVINCIA:**	**C.P.:**	**TELÉFONO:** **FAX:** **E:MAIL:**

JURADO
ARBITRAL
LABORAL
CASTILLA – LA MANCHA

DESIGNACIÓN DE MEDIADOR O MEDIADORES (En caso de no designar mediador en el plazo de 3 días, 24 horas en caso de huelga, desde la presentación de este escrito, el Jurado Arbitral Laboral se dirigirá a las partes para que lo/s designe, designándolo el Delegado/a Provincial del J.A.L. en caso de no hacerlo las partes.)

1.- NOMBRE Y APELLIDOS

N.I.F.

DIRECCIÓN

C/: MUNICIPIO: PROVINCIA:	C.P.:	TELÉFONO: FAX: E:MAIL:

2.- NOMBRE Y APELLIDOS

N.I.F.

DIRECCIÓN

C/: MUNICIPIO: PROVINCIA:	C.P.:	TELÉFONO: FAX: E:MAIL:

<u>EMPRESA</u>

RAZÓN SOCIAL

N.I.F.

DIRECCIÓN

C/: MUNICIPIO: PROVINCIA:	C.P.:	TELÉFONO: FAX: E:MAIL:

DOMICILIO A EFECTOS DE NOTIFICACIONES

REPRESENTACIÓN DE LA EMPRESA (Adjunte fotocopia de título o poder en virtud del cual actúa.)

NOMBRE Y APELLIDOS :	
N.I.F. :	CARGO:
CARÁCTER DE LA REPRESENTACIÓN:	

JURADO
ARBITRAL
LABORAL
CASTILLA – LA MANCHA

DESIGNACIÓN DE MEDIADOR O MEDIADORES (En caso de no designar mediador en el plazo de 3 días, 24 horas en caso de huelga, desde la presentación de este escrito, el Jurado Arbitral Laboral se dirigirá a las partes para que lo/s designe, designándolo el Delegado/a Provincial del J.A.L. en caso de no hacerlo las partes.)

1.- NOMBRE Y APELLIDOS

N.I.F.

DIRECCIÓN

C/: **MUNICIPIO:** **PROVINCIA:**	**C.P.:**	**TELÉFONO:** **FAX:** **E:MAIL:**

2.- NOMBRE Y APELLIDOS

N.I.F.

DIRECCIÓN

C/: **MUNICIPIO:** **PROVINCIA:**	**C.P.:**	**TELÉFONO:** **FAX:** **E:MAIL:**

CONVENIO COLECTIVO APLICABLE:
DESCRIPCIÓN DEL GRUPO/SECTOR EMPRESARIAL:
NÚMERO DE TRABAJADORES EN PLANTILLA:
NÚMERO DE TRABAJADORES AFECTADOS:
NÚMERO DE EMPRESAS AFECTADAS:
NÚMERO DE CENTROS DE TRABAJO AFECTADOS:

SI PROCEDE: ORGANIZACIONES EMPRESARIALES Y SINDICALES REPRESENTATIVAS EN EL ÁMBITO DEL CONFLICTO

<u>EXPOSICIÓN DE LOS HECHOS QUE MOTIVAN EL CONFLICTO</u>

ORIGEN DE LA CONTROVERSIA

JURADO
ARBITRAL
LABORAL
CASTILLA - LA MANCHA

OBJETO DE LA CONTROVERSIA

(Si los espacios destinados al origen y objeto de la controversia no fueran suficientes para el relato fáctico, pueden utilizarse hojas aparte que se unirán como anexo al presente escrito de iniciación)

Actuación previa de la Comisión Paritaria del Convenio o Pacto (Conflictos de Interpretación o Aplicación del Convenio o Pacto.)

FECHA DE SOLICITUD:	RESULTADO:

DOCUMENTOS QUE SE ADJUNTAN

1.-

2.-

3.-

4.-

5.-

LA PARTE SOLICITANTE MANIFIESTA QUE NO SE HA INICIADO NI ESTÁ EN PROCESO DE RESOLUCIÓN, NI JURÍDICA NI ADMINISTRATIVA, EL CONFLICTO PANTEADO ANTE EL JURADO ARBITRAL LABORAL DE LA COMUNIDAD AUTÓNOMA DE CASTILLA-LA MANCHA

FECHA Y FIRMA

Albacete martes, 21 de mayo de 2013

3. Escrito de iniciación al tramite mediación conflicto colectivo – Empresa

JURADO ARBITRAL LABORAL
CASTILLA – LA MANCHA

2.- NOMBRE Y APELLIDOS

N.I.F.

DIRECCIÓN

C/: **MUNICIPIO:** **PROVINCIA:**	**C.P.:**	**TELÉFONO:** **FAX:** **E:MAIL:**

CONVENIO COLECTIVO APLICABLE:
DESCRIPCIÓN DEL GRUPO/SECTOR EMPRESARIAL:
NÚMERO DE TRABAJADORES EN PLANTILLA:
NÚMERO DE TRABAJADORES AFECTADOS:
NÚMERO DE EMPRESAS AFECTADAS:
NÚMERO DE CENTROS DE TRABAJO AFECTADOS:

TRABAJADORES (REPRESENTACIÓN DE LOS TRABAJADORES)

1.- NOMBRE Y APELLIDOS

N.I.F.

DIRECCIÓN

C/: **MUNICIPIO:** **PROVINCIA:**	**C.P.:**	**TELÉFONO:** **FAX:** **E:MAIL:**

CARÁCTER DE REPRESENTACIÓN

DOMICILIO A EFECTOS DE NOTIFICACIONES

C/: **MUNICIPIO:** **PROVINCIA:**	**C.P.:**	**TELÉFONO:** **FAX:** **E:MAIL:**

2.- NOMBRE Y APELLIDOS

N.I.F.

DIRECCIÓN

C/: **MUNICIPIO:** **PROVINCIA:**	**C.P.:**	**TELÉFONO:** **FAX:** **E:MAIL:**

CARÁCTER DE REPRESENTACIÓN

DOMICILIO A EFECTOS DE NOTIFICACIONES

C/: **MUNICIPIO:** **PROVINCIA:**	**C.P.:**	**TELÉFONO:** **FAX:** **E:MAIL:**

JURADO ARBITRAL LABORAL
CASTILLA – LA MANCHA

DESIGNACIÓN DE MEDIADOR O MEDIADORES (En caso de no designar mediador en el plazo de 3 días, 24 horas en caso de huelga, desde la presentación de este escrito, el Jurado Arbitral Laboral se dirigirá a las partes para que lo/s designe, designándolo el Delegado Provincial del J.A.L. en caso de no hacerlo las partes.)

1.- NOMBRE Y APELLIDOS

N.I.F.

DIRECCIÓN

C/: **MUNICIPIO:** **PROVINCIA:**	**C.P.:**	**TELÉFONO:** **FAX:** **E:MAIL:**

2.- NOMBRE Y APELLIDOS

N.I.F.

DIRECCIÓN

C/: **MUNICIPIO:** **PROVINCIA:**	**C.P.:**	**TELÉFONO:** **FAX:** **E:MAIL:**

SI PROCEDE: ORGANIZACIONES EMPRESARIALES Y SINDICALES REPRESENTATIVAS EN EL ÁMBITO DEL CONFLICTO

<u>EXPOSICIÓN DE LOS HECHOS QUE MOTIVAN EL CONFLICTO</u>

ORIGEN DE LA CONTROVERSIA

JURADO ARBITRAL LABORAL
CASTILLA - LA MANCHA

OBJETO DE LA CONTROVERSIA

(Si lo espacios destinados al origen y objeto de la controversia, no fueran suficientes para el relato fáctico, pueden utilizarse hojas aparte que se unirán como anexo al presente escrito de iniciación)

Actuación previa de la Comisión Paritaria del Convenio o Pacto (Conflictos de Interpretación o Aplicación del Convenio o Pacto.)

FECHA DE SOLICITUD:	**RESULTADO:**

DOCUMENTOS QUE SE ADJUNTAN

1.-

2.-

3.-

4.-

5.-

LA PARTE SOLICITANTE MANIFIESTA QUE NO SE HA INICIADO NI ESTÁ EN PROCESO DE RESOLUCIÓN, NI JURÍDICA NI ADMINISTRATIVA, EL CONFLICTO PANTEADO ANTE EL JURADO ARBITRAL LABORAL DE LA COMUNIDAD AUTÓNOMA DE CASTILLA-LA MANCHA

FECHA Y FIRMA

Ciudad Real martes, 21 de mayo de 2013

4. Convenio Arbitral Colectivo

JURADO ARBITRAL LABORAL
CASTILLA – LA MANCHA

Expediente Número:

(En su caso, hacer referencia al Nº de expediente de la mediación)

CONVENIO ARBITRAL (COLECTIVOS)

REPRESENTACIÓN EMPRESARIAL

NOMBRE O RAZÓN SOCIAL

N.I.F.	**EN CALIDAD DE (1)**

Y EN REPRESENTACIÓN DE LA EMPRESA

CON DOMICILIO EN:

C/: **MUNICIPIO:** **PROVINCIA:**	**C.P.:**	**TELÉFONO:** **FAX:** **E:MAIL:**

DOMICILIO A EFECTOS DE NOTIFICACIONES

REPRESENTACIÓN DE LOS TRABAJADORES

NOMBRE

N.I.F.	**EN SU CONDICIÓN DE (2)**

CON DOMICILIO EN:

C/: **MUNICIPIO:** **PROVINCIA:**	**C.P.:**	**TELÉFONO:** **FAX:** **E:MAIL:**

DOMICILIO A EFECTOS DE NOTIFICACIONES

JURADO
ARBITRAL
LABORAL
CASTILLA – LA MANCHA

AMBAS PARTES MANIFIESTAN

PRIMERO: SOMETERSE AL PROCEDIMIENTO DE ARBITRAJE PREVISTO EN LOS ARTÍCULOS 25 Y SIGUIENTES DEL II ACUERDO SOBRE SOLUCIÓN EXTRAJUDICIAL DE CONFLICTOS LABORALES DE CASTILLA-LA MANCHA (II-ASEC-CLM) TAL Y COMO ACORDARON EN EL ACTA DE
FECHA

LEVANTADA EN EL TRÁMITE DE MEDIACIÓN ANTE EL **JURADO ARBITRAL LABORAL DE CASTILLA-LA MANCHA,** CON EL RESULTADO DE **DESACUERDO.**

SEGUNDO: DE ACUERDO CON LO ESTABLECIDO EN EL ARTÍCULO 27.2 DEL II ASEC –CLM, AMBAS PARTES DETERMINAN QUE EL NÚMERO DE ÁRBITROS SERÁ DE

AMBAS PARTE DESIGNAN A:

1.-
2.-
3.-
4.-
5.-

COMO ARBITRO/S PARA CONOCER DEL CONFLICTO QUE SE ESPECIFICA EN EL SIGUIENTE PÁRRAFO.
(En caso de no designar árbitro, dejar constancia de si se delega en el Jurado Arbitral Laboral de Castilla-La Mancha su designación: **SI** ☐ **NO** ☐

TERCERO: LA CUESTIÓN A DIRIMIR QUE ES OBJETO DEL ARBITRAJE AL QUE SE SOMETEN AMBAS PARTES SE CONCRETA EN LO SIGUIENTE:

(Si el presente espacio no fuera suficiente para el relato fáctico, pueden utilizarse hojas aparte que se unirán como anexo al presente escrito)

JURADO ARBITRAL LABORAL
CASTILLA - LA MANCHA

CUARTO: DE ACUERDO CON EL ARTÍCULO 27.2. A.b DEL II ASEC-CLM, EL PLAZO PARA DICTAR LAUDO ARBITRAL SERA DE [ ] DIAS

QUINTO: EL ARBITRAJE AL QUE SE SOMETEN AMBAS PARTES TIENE CALIDAD DE ARBITRAJE DE DERECHO SEGÚN SE ESTABLECE EN EL SEGUNDO ACUERDO SOBRE SOLUCIÓN EXTRAJUDICIAL DE CONFLICTOS LABORALES DE CASTILLA-LA MANCHA.

SEXTO: AMBAS PARTES DEJAN CONSTANCIA EXPRESA DE QUE EL LAUDO ARBITRAL QUE SE DICTE COMO CONSECUENCIA DEL ARBITRAJE AL QUE SE SOMETEN VOLUNTARIA Y EXPRESAMENTE, TENDRÁ EFECTO VINCULANTE, COMPROMETÍENDOSE A ESTAR Y PASAR POR LO QUE EN EL SE ESTABLEZCA.

SOLO SI ES PROCEDENTE (ART.27.2.a DEL II ASEC-CLM): ORGANIZACIONES EMPRESARIALES Y SINDICALES REPRESENTATIVAS EN EL ÁMBITO DEL CONFLICTO

FECHA Y FIRMA

Albacete **martes, 21 de mayo de 2013**

(1) **Representante, titular apoderado o cualquier otra circunstancia.**
(2) **Presidente o miembro del Comité de Empresa, delegado de personal, delegado sindical, representante sección sindical de empresa o en nombre de su sindicato, u otro (especificar)**

5. Convenio Arbitral Individual

JURADO ARBITRAL LABORAL
CASTILLA - LA MANCHA

Expediente Número:

(En su caso, hacer referencia al Nº de expediente de la mediación)

CONVENIO ARBITRAL (INDIVIDUALES)

TRABAJADOR

NOMBRE Y APELLIDOS

N.I.F.

CON DOMICILIO EN:

C/: **MUNICIPIO:** **PROVINCIA:**	**C.P.:**	**TELÉFONO:** **FAX:** **E:MAIL:**

EMPRESA

NOMBRE O RAZÓN SOCIAL

N.I.F:

CON DOMICILIO EN:

C/: **MUNICIPIO:** **PROVINCIA:**	**C.P.:**	**TELÉFONO:** **FAX:** **E:MAIL:**

AMBAS PARTES MANIFIESTAN

PRIMERO: SOMETERSE AL PROCEDIMIENTO DE ARBITRAJE PREVISTO EN LOS ARTÍCULOS 25 Y SIGUIENTES DEL II ACUERDO SOBRE SOLUCIÓN EXTRAJUDICIAL DE CONFLICTOS LABORALES DE CASTILLA-LA MANCHA (II-ASEC-CLM) TAL Y COMO ACORDARON EN EL ACTA DE

FECHA

LEVANTADA EN EL TRÁMITE DE MEDIACIÓN ANTE EL **JURADO ARBITRAL LABORAL DE CASTILLA-LA MANCHA,** CON EL RESULTADO DE **DESACUERDO.**

JURADO ARBITRAL LABORAL
CASTILLA - LA MANCHA

CUARTO: DE ACUERDO CON EL ARTÍCULO 27.2.B.c DEL II ASEC-CLM, EL PLAZO PARA DICTAR LAUDO ARBITRAL SERA DE DIAS

QUINTO: EL ARBITRAJE AL QUE SE SOMETEN AMBAS PARTES TIENE CALIDAD DE ARBITRAJE DE DERECHO SEGÚN SE ESTABLECE EN EL SEGUNDO ACUERDO SOBRE SOLUCIÓN EXTRAJUDICIAL DE CONFLICTOS LABORALES DE CASTILLA-LA MANCHA.

SEXTO: AMBAS PARTES DEJAN CONSTANCIA EXPRESA DE QUE EL LAUDO ARBITRAL QUE SE DICTE COMO CONSECUENCIA DEL ARBITRAJE AL QUE SE SOMETEN VOLUNTARIA Y EXPRESAMENTE, TENDRÁ EFECTO VINCULANTE, COMPROMETÍENDOSE A ESTAR Y PASAR POR LO QUE EN EL SE ESTABLEZCA.

FECHA Y FIRMA

Albacete **martes, 21 de mayo de 2013**

6. ACTA CONFLICTO COLECTIVO

Expediente Nº JAL-GU/CC- /13

En GUADALAJARA, a las horas del día ...., de ....de ....

Se abre la sesión ante el **Órgano de Mediación** compuesto por:

Presidente:

Vocal:

Vocal:

Vocal:

Secretario/a:

para conocer en este acto del expediente marginado, registrado en la sede del Jurado Arbitral Laboral de Castilla - La Mancha con fecha , de de .

De una parte, que constan citados, COMPARECEN, y actúan en nombre de los trabajadores:

Nombre y apellidos:

D.N.I.:

En calidad de:

De otra parte y que consta como citada, **COMPARECE la empresa** a través de:

Nombre y apellidos:

D.N.I.:

En calidad de:

Empresa:

Domicilio:

Municipio:

EXPOSICIÓN DE LOS HECHOS QUE SON ORIGEN DEL CONFLICTO, SEGÚN ESCRITO DE SOLICITUD DE MEDIACIÓN PRESENTADO POR LA REPRESENTACIÓN DE LOS TRABAJADORES:

ABIERTO EL ACTO

Concedida la palabra a la **representación de los trabajadores** manifiesta que:

Concedida la palabra a **la representación de la empresa** manifiesta que:

El Órgano de Mediación, a la vista de lo alegado por ambas partes, realiza la siguiente propuesta:

Realizado el Acto de Mediación, se da por finalizado con el resultado de ....

(En caso de acuerdo)

Lo acordado en la mediación tendrá la misma eficacia atribuida a los convenios colectivos por el artículo 82 del texto refundido de la Ley del Estatuto de los Trabajadores, siempre que las partes que concilien ostenten la legitimación y adopten el acuerdo conforme a los requisitos exigidos por la citada norma. En tal caso se enviará copia de la misma a la autoridad laboral.

(En caso de desacuerdo el Órgano de Mediación ofrece a las partes la posibilidad de someter el conflicto a arbitraje, siendo esta oferta SI/NO aceptada por las partes)

Las partes no desean someterse al procedimiento de Arbitraje previsto en el II acuerdo del ASEC.

Leída el Acta, que encuentran conforme, la firman los interesados ante el Jurado Arbitral Laboral de Castilla - La Mancha y se entrega la correspondiente copia certificada en el día de hoy, siendo las .... horas.

12. BIBLIOGRAFÍA

BATESON, G. (1958) Naven. Stanford, Calif.: Stanford University Press.

BAYLOS GRAU, CRUZ VILLALÓN, y FERNÁNDEZ LÓPEZ, Instituciones de Derecho Procesal Laboral, p. 88.

BAZERMAN Max H., y NEALE Margaret A.; *Negociación racional en un mundo irracional*, Piados Empresa 20, 1993, Primera Reimpresión 1997, p. 11 y ss.

CORNELIUS, H. y FAIRE, S. *Tú ganas, Yo gano. Cómo resolver conflictos creativamente*. Madrid. 1995. Gaia.

DE ARMAS HERNADEZ, M. "La Mediación en la resolución de conflictos", en *Educar 32*, Barcelona 2003, p. 126.

DE DIEGO VALLEJO, R., GUILLÉN GESTOSO, C. *Mediación: proceso, tácticas y técnicas* (3ª ed.). Madrid.2012. Pirámide.

FISHER Roger; URY William, y PATTON Bruce; *Sí… ¡de acuerdo! Cómo negociar sin ceder*, Grupo Editorial Norma, Sda Edición, Colombia 1994, p. 18.

GARCIA PERROTE ESCARTIN, I. Manual de Derecho del Trabajo, Tirant Lo Blanch, Valencia 2011, p. 811 y 812.

GIL Y GIL, J.L. en *Capital Humano*, nº 156.

GONZALEZ-CAPITEL, C. (2001). *Manual de Mediación*. Atelier. 2001 Barcelona.

HARGIE, O., SAUNDERS, C., DICKSON, D. . *Social Skills in Interpersonal Communication*. Londres. 1981. CroomHelm.

MENÉNDEZ PIDAL, Derecho Procesal Social, Madrid, 1956, p. 186; RODRÍGUEZ SANTOS, Comentarios a la Ley de Procedimiento Laboral, T. II (con CEBRIÁN BADÍA), Valladolid, 1991, pp. 153 y 154. Cfr. MONTERO AROCA, "Las conciliaciones en el proceso laboral", Revista de Derecho Procesal, 1973, núm. 2-3, p. 502.

MEZGRAVIS Andrés, "Negociación: Herramienta básica para el abogado del siglo XXI ", en Libro Tendencias Actuales del Derecho Procesal, Constitución y Proceso, UCAB 2006, p. 9.

MNOOKIN Robert H.; PEPPET Scott R.; TULUMELLO Andrew S.; *Beyon Winning, Negotiating to create value in deals and disputes*, Belknap Press of Harvard University Press, Cambridge, Massachusetts, London, England, 2000, p. 11 y ss.

MONTERO AROCA, Comentarios a la Ley de Procedimiento Laboral, Madrid, 1993, p. 453.

MONTERO AROCA, Comentarios a la Ley de Procedimiento Laboral (con IGLESIAS CABERO y OTROS), I, cit., p. 427; y DE LA VILLA, GARCÍA BECEDAS y GARCÍA-PERROTE ESCARTÍN, Instituciones de Derecho del Trabajo, 2ª ed., Madrid, 1991, p. 730 (mientras no se indique otra cosa, nos estaremos refiriendo a esta edición de la obra); CAVAS MARTÍNEZ, Diccionario Procesal Social (con BARREIRO GONZÁLEZ y OTROS), Madrid, 1996, p. 81.

MORAN, G. "La mediación en EEUU. Vías alternativas de negociación y resolución de conflictos: Una nueva cultura socio-jurídica. La experiencia estadounidense", en "La mediación. Un Instrumento de Conciliación", Dykinson, Madrid, 2010, p. 14.

PARKINSON, L. . Mediación familiar. Teoría y Práctica: principios y estrategias operativas. Barcelona. 2005. Gedisa.

RAIFFA Howard; The Art and Science of Negotiation, how to resolve conflicts and get the best out of bargaining. Harvard University Press. Sixteenth printing, 2002.

RENEDO JUAREZ, M.J. "Evitación del proceso y mediación intrajudicial en la jurisdicción social", en *Revista Jurídica de Castilla-Leon nº 29*, Valladolid, 2013, p. 6 y ss.

ROMÁN VACA, El proceso especial de conflictos colectivos de trabajo, Madrid, 1992, pp. 87 y ss.

ROMERO PRADAS, M.I. La Conciliación en el Proceso Laboral. Segunda Parte. 2000, p. 1 y ss.

SAPPIA, J "Solución de conflictos colectivos e individuales de Trabajo", Documento de trabajo nº 149. Justicia Laboral y medios alternativos de solución de conflictos colectivos e individuales. OFICINA INTERNACIONAL DEL TRABAJO.

VAN-DER HOFSTAND ROMÁN, C. J.. *El libro de las habilidades de comunicación.* Madrid. 2005. Díaz de Santos.

WATZLAWICK, P.; BABELAS, J. B. y JACKSON, D. D. (1967). *Teoría de la Comunicación Humana: Interacciones, Patologías y Paradojas* Buenos Aires. 1967. Tiempo Contemporáneo.

VIQUEIRA, C., "Mecanismos de evitación del Proceso en la LRJS". Boletín Quantor Social 1-2-201.

13.
ANEXO

MANUAL DE MEDIACION.

PUBLICADO POR LA OIT

Presentación

La presente publicación es una guía práctica destinada a los conciliadores y mediadores, y elaborada con el fin de facilitar su participación activa en los procesos de mediación. Con frecuencia, las personas encargadas de facilitar estos procesos se ven abocadas a mediar, sin conocer los aspectos teóricos y prácticos que ello conlleva. La falta de conocimientos y experiencia es, sin duda, el origen de muchos fracasos.

La OIT, en su afán de atender las necesidades de sus mandantes, ha considerado oportuno preparar un útil mínimo consistente en una guía didáctica de fácil uso que recoja los aspectos prácticos de la mediación y que sea fácilmente aplicable a las necesidades cotidianas de los que la ejercitan.

Con tal fin, el presente manual fue elaborado por encargo de la Oficina Internacional del Trabajo por María del Mar Serna y Jaume Admetlla, expertos en la materia y conocedores de los procesos de mediación en los distintos países de lengua española. El trabajo fue supervisado y editado por María Luz Vega, del Servicio de Derecho del Trabajo y Relaciones Laborales de la OIT[1].

Nuestra esperanza es que dicho manual sirva en esta función y que, como mecanismo de solución de conflictos, permita avanzar en los fines fundamentales de nuestra Organización.

Muneto Ozaki,
Jefe del Servicio de Derecho del Trabajo
y de Relaciones Laborales.

[1] Queremos expresar nuestra gratitud a todos aquellos que han colaborado en el desarrollo de esta guía proporcionando materiales y comentarios, en especial a José Luis Daza, del Servicio de Administración del Trabajo y a Andrés Mrinakis, del Servicio de Derecho del Trabajo y Relaciones Laborales de la OIT.

Introducción

El objeto del manual es proporcionar a los mediadores un conjunto sistemático de conocimientos sobre el significado y utilidad de la mediación, las tácticas y métodos a seguir, y los posibles errores que el mediador puede cometer en su trabajo. En este sentido, se busca formar a aquellos que aspiran a convertirse en mediadores, y obligar a la reflexión sobre su propio trabajo a aquellos que ya vienen practicando la mediación el el ámbito laboral.

Este último aspecto resulta particularmente relevante. Cuando se realiza un curso de mediación para mediadores, y se interroga a los participantes sobre lo que esperan obtener del curso, éstos raramente manifiestan que esperan aprender cómo mediar, convencidos de que esta actividad que vienen ya desempeñando –normalmente con éxito-, no se aprende en las aulas, sino en la práctica cotidiana, y su éxito no depende de técnica, sino de la destreza personal del mediador y del caso concreto en que interviene. Esta convicción se encuentra muy extendida entre aquellos cuya función profesional incluye la intervención en conflictos laborales. Hay incluso quien opina de sí mismo que "no sabe mediar", por el hecho de que normalmente no interviene activamente en las reuniones de las partes, limitándose a presidirlas y ordenarlas, sin ser consciente de que ésta es también una de las tácticas estratégicas de la mediación.

La mediación constituye un conjunto de acciones ordenadas por un tercero ajeno a las partes en conflicto que tiende a la obtención de una solución pacífica del mismo. Este conjunto de estrategias, pautas y tácticas es susceptible de sistematización, con independencia de las cualidades personales del mediador y de la naturaleza del conflicto, sin que ello suponga negar la importancia que estos factores tienen en el desarrollo de la mediación. La mediación es una conducta humana, sujeta, por tanto, a los diversos factores que inciden en la misma, pero también a patrones y pautas repetitivos y susceptibles de estudio.

Antes, sin embargo, de entrar en las técnicas de mediación, es necesario detenerse en el estudio de los conflictos, para entender por qué existen institutos como la mediación para tratar de solventarlos.

1. Situaciones de conflicto

Desde el momento en que las personas se relacionan para alcanzar sus objetivos, pueden surgir entre ellas situaciones de conflicto. Las situaciones de conflicto son aquellas en las que los intereses de las partes no son coincidentes pero sí interdependientes, de manera que su satisfacción depende de la conducta que las partes adopten mutuamente.

Todos podemos descubrir situaciones potenciales de conflicto en nuestra vida cotidiana: las más típicas se refieren, sin duda, a la adquisición de bienes y servicios que no tengan un precio tasado, en las que vendedor y comprador discuten sobre el precio hasta alcanzar (o no) un acuerdo. Pero la noción de conflicto es mucho más amplia, y puede abarcar todo el espectro de las actividades humanas, desde las más trascendentales para la vida a las aparentemente más banales. El acto de ir al cine en compañía y elegir una película, la decisión de vivir en pareja, la participación en asociaciones o partidos, la relación con los hijos....Cualquier situación en la que se dé diferencia de intereses unida a relación de interdependencia, es potencialmente generadora de conflicto.

(Hoja de trabajo 1: "Situación de conflicto")

I. Objetivos

- *Que el alumno identifique situaciones de conflicto en la vida ordinaria, así como las vías de solución de las mismas.*
- *Que el alumno se familiarice con los conceptos básicos en torno al conflicto: negociación, valores, zona de acuerdo, punto muerto de la negociación.*

II. Título: "Abelardo y Eloísa"

III. Relato de hechos

Abelardo y Eloísa desean contraer matrimonio. Una vez casados, Abelardo quiere que vivan con su madre, una mujer de carácter fuerte y dominante a la que Eloísa aprecia, sin duda, pero de la que no aguantaría la presencia constante, pues teme su continua intervención en la vida conyugal. De hecho, la empresa en la que ambos trabajan les ha ofrecido trasladarse a otra ciudad, en la que acaba de abrir una sucursal, y Eloísa ve con muy buenos ojos dicho traslado.

He aquí una situación de conflicto, que de seguro no parecerá extraña a más de un lector. Como tal situación, el conflicto entre Abelardo y Eloísa puede tener varias salidas. Los dos enamorados podrían, en el extremo más dramático, renunciar a su amor por considerar la postura del otro incompatible con sus propios intereses. Podría suceder también, que uno de ellos se pliegue al deseo del otro, con sacrificio de su propio interés (y acaso por considerar que el sacrificio vale la pena por ser mayor la satisfacción obtenida con el matrimonio). En ambos casos el conflicto se solventa, bien porque ambos renuncian a sus intereses y ninguno los satisface, bien porque renuncia uno de ellos, con satisfacción plena del otro. En ninguno de los casos se llega a una solución distinta de las planteadas originalmente, bien sea porque cada cual se aferra a su postura, bien porque uno de ellos acepta la del otro. Pero existe una tercera posibilidad: que ambos cedan en parte y ambos sean satisfechos en parte. Sucedería tal cosa por ejemplo, si ambos se quedan a vivir en su ciudad, cerca de la madre de Abelardo pero en un domicilio diferente: Eloísa renuncia al traslado y Abelardo a la intromisión materna, en una alternativa nueva y distinta de las dos formuladas originalmente.

Este último tipo de solución es, sin duda, el más complejo, porque requiere un proceso de adopción de decisiones creativo, en el cual interviene un proceso de las partes dirigido a alcanzar un acuerdo, que denominamos negociación.

IV. Comentarios

Podemos sistematizar el conflicto entre Abelardo y Elosía en un diagrama:

	Solución A	*Solución B*	*Solución C*	*Solución D*
Abelardo	*0*	*10*	*5*	*9*
Eloísa	*0*	*5*	*10*	*9*

En este diagrama hemos representado las distintas soluciones al conflicto, de un lado, y el grado de satisfacción que de esa solución extrae cada uno. Los valores otorgados son convencionales, y se mueven en una escala de 0 a 10.

- ***La solución A** es aquella en que Abelardo y Eloísa deciden no casarse, por lo que no satisfacen su interés principal en el conflicto. En esta solución, su interés queda frustrado, por lo que el valor que atribuimos a la satisfacción de cada uno es de 0.*
- ***La solución B** es aquella en que la pareja se casa y van a vivir con la madre de Abelardo. Abelardo por tanto, satisface plenamente sus pretensiones, por lo que atribuimos a esa satisfacción el valor 10. En cambio, Eloísa satisface una parte de sus pretensiones (casarse con Abelardo), a costa de sacrificar uno de sus intereses. Atribuimos por ello un valor 5 a su satisfacción.*

- ***La solución C*** *representa la opción contraria: Abelardo y Eloísa se casan y van a vivir a otra ciudad. En este caso, las pretensiones de Eloísa se satisfacen a cien por cien, pero las de Abelardo quedan frustradas en parte. Por ello atribuimos valor 5 a su grado de satisfacción.*
- ***La solución D****, por último, supone que ambos satisfacen su interés principal, y alcanzan un compromiso que permite satisfacer de modo bastante razonable sus otros intereses. Como esta satisfacción no es plena (Abelardo vive cerca de su madre, pero no bajo el mismo techo, Eloísa no vive con su suegra, pero no se traslada), no atribuimos un valor 10 a su satisfacción, sino un valor ligeramente inferior.*

El ejemplo expuesto presenta una situación en la que ambas partes extraen igual valor de la solución negociada. Pero ello no tiene por qué ser siempre así. Pudiera darse el caso de que esta solución, para Eloísa o para Abelardo, no representara una satisfacción mayor que 6. Ello no impediría tampoco alcanzar un pacto, ya que 6 sigue siendo mayor que 5 y que 0, por lo que, ante la imposibilidad de alcanzar el 10, la solución negociada sigue siendo ventajosa. Con ello queremos poner de manifiesto que las soluciones negociadas no son necesariamente equitativas ni proporcionan siempre igual valor a los negociadores. Les proporciona, eso sí, un mejor valor respecto a la falta de solución del conflicto o a la entrega directa a los intereses de la otra parte.

Ese mejor valor se sitúa, siguiendo en nuestro ejemplo, entre el 6 y el 10. Por debajo de ese abanico, ninguna de las partes se verá movida a pactar.

Supongamos que la zona de acuerdo (zona de confluencia de intereses dentro de cuyos límites es posible alcanzar un acuerdo) se sitúa en el hecho de vivir en la misma ciudad que la madre de Abelardo, pero en domicilio distinto. Dentro de esta zona, cualquier punto supone para ambas partes un mayor valor. Pero ese valor es distinto para cada parte en función del lugar elegido para vivir: el extrarradio, el mismo barrio que la madre de Abelardo, la misma calle, etc. Cuanto más cerca del domicilio de la madre de Abelardo se acuerde señalar el domicilio de los nuevos esposos, más alto es el valor obtenido por Abelardo, y más bajo el obtenido por Eloísa. Supongamos también que pasar del extrarradio al mismo barrio, supone para Abelardo pasar de un valor 6 a un valor 7, y para Eloísa, bajar de un valor 9 a un valor 8.

En esta tesitura, Abelardo puede no conformarse con el valor 6, aunque para él ya resulta ventajoso, y seguir negociando para mejorar su posición. El Acuerdo puede situarse entonces, dentro de la misma zona de acuerdo, en un punto en que obtenga un mayor valor, aunque el valor obtenido por Eloísa disminuya.

Si Abelardo conoce bien los límites de la zona de acuerdo, sus negociaciones pueden llegar a culminar con éxito. Dependerá de su habilidad como negociador. Pero si no es así, corre el riesgo de sobrepasar la zona de acuerdo y frustrar éste. Supongamos que Eloísa acepta vivir en la misma ciudad, pero no en la misma calle. Si Abelardo, para mejorar su posición, llega a proponer esta última solución, el acuerdo no se alcanzará. En buena lógica, Abelardo debiera recular a la zona de acuerdo. Pero esto nunca resulta fácil, por razones diversas.

Lo que el ejemplo empleado en la hoja de trabajo 1 pone de manifiesto, es que la solución de los conflictos no pasa siempre por el mantenimiento de las pretensiones originales de alguna de las partes, sino que puede alcanzarse a través de soluciones nuevas y distintas de las originalmente planteadas. En este tipo de soluciones, el **valor** que las partes obtienen es normalmente inferior al que obtendrían de poder solventarse el conflicto con el mantenimiento de su pretensión original, pero superior en todo caso al que obtendrían de no alcanzarse solución alguna, o de plegarse simplemente a los intereses de la parte contraria. En el ejemplo que hemos presentado, 9 (valor obtenido con la solución negociada) es menos que 10 (valor obtenido con la satisfacción plena de intereses), pero más que 0 (ningún valor derivado de la falta de solución del conflicto) y que 5 (valor obtenido por la aceptación sin contrapartidas de los intereses de la parte contraria, que en el caso expuesto satisfacen parcialmente los de la otra parte). Es la búsqueda de ese **mayor valor** lo que impulsa a las partes a negociar, y es la obtención del mismo lo que les impulsa a llegar a un acuerdo una vez hallado.

El ámbito en que cada parte obtiene ese valor es distinto, pero puede tener áreas de confluencia (y que las tenga es un presupuesto necesario para que se alcance un acuerdo). A esas áreas las denominamos **zonas de acuerdo**. Dentro de esas zonas, el acuerdo es factible.

La mayor o menor amplitud de esta zona da un mayor o menor margen a la negociación, y señala las posibilidades de mejorar sus valores para las partes. Pero esa posibilidad de mejora de posiciones queda, a su vez, delimitada por el riesgo de sobrepasar la propia zona de acuerdo. En tal supuesto, y en pura lógica, la parte que sobrepasa la zona de acuerdo debiera volver sobre sus pasos. Pero ello no siempre resulta fácil.

En las negociaciones de conflictos, suele ser difícil reconocer los propios errores y dar pasos hacia atrás, entre otras razones por temor a que ello sea interpretado por la otra parte como una muestra de debilidad. Además, cuando se sobrepasa la zona de acuerdo, la otra parte puede reconsiderar su postura original, entendiendo que sus cesiones han sido excesivas e induciéndole a una mayor rigidez futura.

Con ello pretendemos ejemplificar el hecho de que, aunque las partes hayan llegado a una zona de acuerdo, ello no significa que necesariamente vayan a llegar a un pacto. Si la zona de acuerdo se sobrepasa, las negociaciones pueden igualmente quedar en un punto muerto, y necesitar una recomposición, tan difícil a veces como en el caso de que ni siquiera se hubiera llegado a descubrir la zona de acuerdo.

2. Desarrollo del conflicto

Como todo proceso social interactivo, el conflicto tiene un inicio, un desarrollo y un final. Ya ha quedado indicado más arriba como las situaciones de conflicto se generan continuamente en la vida social, y también las formas posibles de solución en que dichos conflictos pueden desembocar. Para alcanzar esas soluciones el conflicto puede seguir distintas formas de desarrollo, de las cuales interesa destacar particularmente la negociación.

La **negociación** puede definirse como un proceso interactivo de solución de conflictos a través del cual las partes pueden llegar a alcanzar una posición nueva, distinta de las planteadas originalmente, y que satisface, en todo o en parte, sus intereses conflictivos.

Alcanzar tal solución requiere un diálogo entre las partes que permite trazar un puente de comunicación de los respectivos intereses. Si al cruzar dicho puente los intereses de las partes se encuentran en un punto se habrá alcanzado la solución del conflicto.

Para ello, es imprescindible que ambas partes se muevan de su posición original. Permítasenos continuar con la metáfora del puente: si una de las partes no se mueve y la otra cruza el puente hasta alcanzar la posición de la primera, el conflicto se habrá solventado igualmente, pero difícilmente puede hablarse de negociación. La solución alcanzada no es nueva, no ha habido proceso creativo alguno. Simplemente una de las dos partes se ha plegado a los deseos de la otra.

Comenzar la mediación supone para cada parte abandonar sus posiciones y entrar en la senda de los intereses, es decir, empezar a negociar sobre la base de sus deseos, demandas y fines reales, subyacentes a las demandas expuestas formalmente para alcanzar aquellos fines.

Por el contrario, la existencia de la negociación no implica, necesariamente, que las partes vayan a encontrarse en el centro, ya que la solución alcanzada puede ser, finalmente, más favorable a una que a otra. Ello no impide que pueda hablarse de negociación, y de negociación con éxito.

No vamos a entrar en el presente manual a tratar en profundidad el tema de la negociación, ya que el tema objeto del mismo es la mediación. Pero debe tenerse en cuenta, en todo caso, que el mediador intenta conciliar a negociadores, y que el acuerdo final que el mediador trata de forjar u orquestar será producto de la negociación entre las partes. Volviendo a nuestra imagen, el mediador reconstruye para las partes el puente roto de la negociación, pero son éstas las que deben andar el camino hacia la solución del conflicto.

3. El sistema de relaciones laborales y el conflicto laboral

Como venimos diciendo, las situaciones de conflicto no son privativas de un ámbito concreto de la actividad humana sino que pueden darse en cualquiera de ellos. Existe, sin embargo, un ámbito particular en el que el conflicto tiene una fisonomía propia, y cuya trascendencia pública obliga, de un lado, a su reconocimiento social y jurídico, y de otro, al establecimiento de vías de solución del mismo: nos referimos al ámbito de las relaciones laborales.

El trabajo, en las sociedades industrializadas, es uno de los factores de conflicto más característicos, en la medida en que determina una estructura de poder que refleja los intereses contrapuestos de empresarios y asalariados. Este conflicto puede ser más o menos virulento, manifestarse o permanecer latente, pero en ningún caso cabe afirmar que las transformaciones de las sociedades modernas hayan acabado con él.

Lo que sí ha cambiado es la manera en la que el ordenamiento jurídico y político contempla el conflicto. De una inicial y decimonónica actitud de falta de reconocimiento de ese conflicto (precisamente en un período en que el mismo se manifestaba con especial dramatismo y violencia), se ha pasado a un reconocimiento claro y expreso de su existencia, y al establecimiento de vías que permitan su solución pacífica a través de una serie de normas, instituciones y procesos sociales. Es a este conjunto al que denominamos *sistema de relaciones laborales*. En un ámbito democrático, el sistema de relaciones laborales parte de una serie de presupuestos:

1. **Reconocimiento de la realidad del conflicto laboral en el seno de la sociedad, y de su funcionalidad en la misma.**
   Las sociedades modernas ya no niegan el conflicto, ni intentan erradicarlo. Parten de la base de que el conflicto cumple una función social, que permite el avance de la propia sociedad y su desarrollo, siempre que discurra por unos cauces previamente determinados, y se solucione de manera pacífica.

2. **Reconocimiento de los agentes protagonistas del conflicto, y de sus asociaciones, como sujetos legitimados para alcanzar una solución del mismo a través de la negociación.**
   El reconocimiento de que los agentes sociales pueden organizarse en asociaciones representativas libremente, y que el objetivo primordial de dichas asociaciones es la negociación colectiva en defensa de los respectivos intereses, es el segundo presupuesto fundamental del sistema de relaciones laborales en una sociedad democrática. Sin este reconocimiento, el sistema deja de funcionar, ya que los auténticos protagonistas del conflicto y de su solución son las representaciones de las partes en conflicto, que encauzan las reacciones de sus representados y alcanzan soluciones aplicables a todos ellos.

3. **Reconocimiento de la existencia de instrumentos de presión de trascendencia interna y externa a la propia empresa.**
   Encauzar el conflicto no significa encorsetarlo: sin el reconocimiento de los instrumentos de presión de las partes, que hace posible a su vez la negociación, tampoco cabe hablar de sistema democrático de relaciones laborales. Se reconoce, por tanto, la legitimidad de determinadas medidas de fuerza (la huelga, por ejemplo), aunque al propio tiempo se considera como una medida no deseable, lo que fuerza a impulsar los instrumentos de solución pacífica.

4. **Establecimiento de vías de solución pacífica del conflicto.**
   Constituye la consecuencia lógica de los presupuestos anteriores: si el conflicto existe y es funcional, si debe ser encauzado, si los mecanismos de fuerza son legítimos pero no deseables, entonces hay que establecer una serie de mecanismos que permitan que el conflicto se desarrolle y se solvente, minimizando sus consecuencias negativas y potenciando sus efectos positivos.

(Hoja de trabajo 2: "Evolución del sistema de relaciones laborales")

I. Objetivo

- *Comprensión de la forma en que distintos sistemas de relaciones laborales pueden tratar una misma situación de conflicto, así como de la evolución de los sistemas de relaciones laborales.*

II. Título: "Dos huelgas: 1902 y 1994"

III. Relato de hechos

Como ejemplo del proceso de evolución del sistema de relaciones laborales podemos comparar dos situaciones acontecidas en diferentes momentos históricos. En el año 1902, en una localidad industrial del nordeste de España tuvo lugar una huelga que afectaba a todas las fábricas textiles de la misma. El motivo de la huelga era presionar a los empresarios para que aceptaran incrementar los salarios (ciertamente miserables) y reducir la jornada (que alcanzaba las 15 horas diarias). La negativa de los patronos a cualquier concesión, motivó la movilización de los trabajadores. A la medida adoptada por éstos, respondieron aquellos contratando, por un sueldo inferior al que percibían los obreros propios, a otros trabajadores procedentes de una pequeña comarca campesina no muy distante afectada por un año de malas cosechas. La llegada de este contingente de trabajadores fue saludada con violentos enfrentamientos, ya que los huelguistas se habían apostado a la entrada de las fábricas para impedir su ingreso. Los patronos instaron entonces la intervención de la fuerza pública, y ésta intervino reprimiendo violentamente a los huelguistas: hubo múltiples detenidos, heridos y muertos. Finalmente, los obreros retornaron al trabajo sin haber logrado sus reivindicaciones. Apenas transcurrido un año, el conflicto se repetía con una virulencia mayor.

En la misma localidad, en el año 1994, tuvo lugar una huelga de similares características: los obreros reivindicaban un mayor salario y una reducción de jornada. Antes de iniciarse la misma, las partes fueron citadas por el servicio público oficial de conciliaciones y mediaciones, a la presencia de un mediador designado por dicho servicio. El mediador escuchó a ambas partes, celebró varias reuniones conjuntas y separadas. No se alcanzó un acuerdo en aquel momento y la huelga se inició. Al segundo día, las partes volvieron a reunirse ante el mediador, y nuevamente intentaron el acuerdo. Esta vez, la gestión mediadora tuvo éxito, y las partes firmaron un pacto: la huelga fue desconvocada.

IV. Comentarios

Entre el año 1902 y 1994, muchas cosas habían cambiado en el país. Sin duda el conflicto laboral no había sido eliminado, pero la forma de afrontar el mismo por parte de sus agentes y del sistema político y social era muy distinto: el sistema de relaciones laborales había diseñado el camino para su solución, a través de mecanismos preestablecidos de carácter pacífico. El conflicto pierde así su carga de negatividad, y pasa a ser considerado como un hecho estructural dentro del entramado de las relaciones laborales.

Con independencia de su forma de solución, los conflictos laborales pueden ser de **dos clases**: *jurídicos y de intereses.*

a) **Conflictos jurídicos**: son aquellos que versan sobre la interpretación o la aplicación de normas preexistentes estatales o convenidas colectivamente y cuya pervivencia no se cuestiona por los litigantes.

b) **Conflictos de intereses económicos o de regulación**: son los que, preexistiendo una norma, versan sobre su oportunidad, pretendiendo su modificación o sustitución por otra (es el caso típico de la negociación de un nuevo convenio colectivo), o a los que, simplemente, postulan el dictado de una nueva norma que cubra un vacío normativo.

(Hoja de trabajo 3: "Conflictos jurídicos y conflictos de intereses")

I. Objetivo

- *Distinguir los conflictos de intereses y los jurídicos. Familiarizarse con los diversos modos de solución de los mismos.*

II. Título: "CIRERA, S.L."

III. Relato de hechos

La empresa CIRERA S.L. es una empresa del ramo de la alimentación, que cuenta con 470 trabajadores. En el seno de dicha empresa, se ha iniciado un proceso de negociación para regular diversas condiciones de trabajo: la jornada, el salario, las condiciones de seguridad y salud, el régimen de pausas durante la jornada, etc.

La negociación se inició con buenas perspectivas, y pronto se fueron alcanzando acuerdos parciales, sin necesidad de intervención de terceros, y sin que se acudiera a ninguna medida de fuerza. Los acuerdos alcanzados regulaban la jornada, y diversos aspectos de salud laboral.

Sin embargo, al entrar a negociar el salario, se produjeron los primeros conflictos. La empresa ofrecía un incremento para la masa salarial del 2 por ciento (aplicable, por tanto, sobre la cifra global de salarios pagada por al empresa durante el año anterior), mientras que los trabajadores no se contentaban con menos del 4 por ciento. Entendían estos últimos que al no haber tenido incremento salarial en los últimos dos años, debían recuperar su poder adquisitivo a través de un incremento mayor en ese año. La empresa, por su parte, consideraba que las concesiones hechas en materia de jornada (que se reducía en una hora semanal), compensaban suficientemente las pretensiones de la parte social.

En este punto estalló el conflicto: se alcanzó un punto muerto en la negociación y la representación de los trabajadores convocó una huelga para presionar a la empresa, solicitando al mismo tiempo la intervención de un mediador.

Gracias a la intervención de éste, se alcanzó un acuerdo en virtud del cual la empresa se comprometía a un incremento del 3 por ciento. El conflicto cesó, y el acuerdo adquirió valor de norma aplicable a todos los trabajadores, con todas las cláusulas negociadas y pactadas. En concreto, la relativa a los salarios establecía: "Se incrementarán los salarios de los trabajadores en un 3 por ciento".

En el primer mes de aplicación del acuerdo, el grupo de trabajadores administrativos observó que sus nóminas se habían incrementado únicamente en un 2 por ciento. Acudieron al Jefe de Personal para exponer el problema, el cual les manifestó que el incremento realizado lo era de la masa salarial global, lo cual no significaba que cada trabajador concreto tuviera un incremento del 3 por ciento, sino que, en su conjunto, los salarios de la empresa se habían incrementado un 3 por ciento, procediéndose luego a un reparto de ese incremento según las categorías. El grupo afectado acudió entonces a sus representantes, los cuales les manifestaron que la respuesta del Jefe de Personal no era correcta, puesto que lo que se pactó finalmente era un incremento de los salarios de todos los trabajadores, como claramente constaba en el pacto. En una reunión con la empresa, solicitada a raíz de este problema, la representación social mantuvo esta misma tesis. La empresa argumentó que los representantes estaban actuando de mala fe, pues ellos conocían que la propuesta de la empresa era de un incremento sobre la masa salarial, y que así se había hecho constar en la primera propuesta. A esto replicaron los trabajadores que, si bien ello era cierto, se refería a la propuesta que fue rechazada por la parte social, y que originó, precisamente, el conflicto. El acuerdo final había modificado ese planteamiento.

IV. Comentarios

Los hechos que acabamos de describir nos muestran dos conflictos de naturaleza distinta, e ilustran las diferencias entre un conflicto de intereses y uno jurídico.

En el primer conflicto, empresa y trabajadores se mueven exclusivamente en el ámbito de los intereses. No existe ninguna referencia normativa que establezca cuál debe ser el incremento salarial a aplicar. Se trata, precisamente, de crear esa referencia. Por ello la empresa puede ofrecer lo que estime conveniente, y los trabajadores reclamar lo que consideren oportuno. Para solventar sus diferencias, no pueden acudir a un tercero que, mediante la aplicación de una norma jurídica determine el porcentaje de subida salarial, y por ello no encuentran otra salida que, fracasada la negociación autónoma, acudir a un mediador. El mediador tampoco determinará ese porcentaje mediante la aplicación de una norma, sino que intentará, y logrará finalmente, conciliar los intereses de ambas partes.

El conflicto se solventa, finalmente, creando una norma jurídica, constituida por el acuerdo alcanzado. Por eso el segundo conflicto es de tipo jurídico. Ahora ya existe un referente legal, y de lo que se trata es de aplicarlo correctamente. La empresa entiende que es eso, precisamente, lo que está haciendo, y los trabajadores entienden lo contrario. Alguien deberá decir quién tiene razón, pero deberá hacerlo a partir de la norma existente, proporcionando la interpretación correcta de la misma. Para obtener esa interpretación, las partes cuentan con las vías que la legislación correspondiente establezca (particularmente con la vía judicial, ya que es a los jueces específicamente a los que corresponde interpretar las normas jurídicas).

4. Mecanismos de solución de conflictos: autocomposición y heterocomposición

Como hemos dicho anteriormente, el sistema de relaciones laborales, en un ámbito democrático, se basa en el postulado de reconocer el conflicto y la capacidad negociadora de los agentes del mismo. A partir de aquí, queda abierta la posibilidad de solución pacífica del mismo.

El reconocimiento de la autonomía negociadora de las partes en conflicto, permite hablar de **dos tipos de solución pacífica de conflictos**:

- Sin intervención de un tercero.
- Con intervención de un tercero.

4.1. Solución del conflicto sin intervención de un tercero

El reconocimiento de la capacidad negociadora de las partes, y el mutuo reconocimiento de éstas de la legitimación del otro para negociar, permite que las mismas pongan fin a sus situaciones de conflicto sin más tramite que reuniéndose para alcanzar una solución negociada. Es ésta la fórmula más frecuente y cotidiana de solución de conflictos.

La negociación es así una forma de solución de conflictos, pero también una *técnica* de composición de intereses diversos que pone en juego una serie de pautas y estrategias desarrolladas por cada una de las partes para alcanzar el acuerdo más favorable a sus intereses.

En la negociación pura, las partes no acuden más que a sí mismas para resolver el conflicto, y alcanzan el acuerdo sin auxilio de nadie. Es por ello manifestación de la autonomía de las partes y de su voluntad soberana, al depender sólo de ellos la decisión final.

Por su propia naturaleza de mecanismo de autocomposición, la negociación sin intervención de un tercero es la fórmula más importante de solución de un conflicto, y la que de modo más directo refleja el grado de madurez de las partes involucradas y su capacidad para integrar el mismo en sus relaciones. De ahí que los sistemas democráticos de relaciones laborales le den absoluta prioridad en la regulación de las condiciones de trabajo.

4.2. Solución del conflicto con intervención de un tercero

Puede suceder que las partes, pese al reconocimiento jurídico de su autonomía negocial, no sean capaces de alcanzar un acuerdo. Es en estos casos cuando interviene un tercero. Según las facultades que ostente este tercero en su intervención, cabe hablar de:

4.2.1. Formas autónomas de solución del conflicto con intervención de un tercero

Se trata de fórmulas en las que las partes conservan intacta su autonomía en la negociación. La intervención del tercero trata de acercar las posturas de las partes y lograr que alcancen un acuerdo, incluso formulando propuestas al respecto, pero la solución final sólo se produce por acuerdo de las partes. Habitualmente se habla aquí de dos fórmulas: *conciliación y mediación.* Aunque ambas figuras se suelen confundir en una misma en la práctica, la distinción alude, básicamente, a la capacidad del mediador para formular propuestas, que en principio se niega al conciliador. Como se verá más adelante, es preferible hablar de formas o estrategias de mediación para aludir a esa distinta manera de enfocar la intervención del tercero, que de dos figuras realmente distintas. Pese a ello, son muchos los sistemas jurídicos que prefieren mantener ambas instituciones como modalidades separadas. Al hacerlo, entienden que el conciliador es aquel tercero cuya función en el conflicto es acercar las posturas de las partes y actuar como vehículo de comunicación de las mismas, sin realizar propuestas de solución del conflicto, que vendrán siempre de las propias partes. El mediador, en cambio, tiene una función más dinámica, que le permite proponer acuerdos y soluciones directamente elaborados por él mismo. Como puede observarse, la distinción es más de grado que de naturaleza, ya que en ambas fórmulas la finalidad perseguida por el tercero es la solución del conflicto por acuerdo entre las partes.

Que en la mediación el acuerdo final dependa de la voluntad de las partes, no significa que la mediación sea siempre voluntaria. Son muchas las legislaciones que establecen una mediación obligatoria como paso previo para la adopción de otras medidas. La existencia de esta obligación no afecta en absoluto a la autonomía negocial de las partes, ni modifica su respectiva posición en el proceso de la mediación.

4.2.2. Formas heterónomas de solución del conflicto con intervención de un tercero

Se trata de fórmulas donde las partes pierden esa autonomía inicial, y la solución del conflicto viene dada por la intervención del tercero, que con su decisión pone fin a la cuestión. Son dos las figuras que se incluyen en este apartado: el *arbitraje* y la *intervención judicial.*

- La **intervención judicial** es la vía de solución de conflictos a través de la intervención de un tercero integrado en los órganos judiciales del Estado, revestido del poder de éste para dictar, aplicando el derecho de ese Estado, una sentencia que se impone a las partes de modo coactivo.
- El **arbitraje**, por su parte, alude a distintas fórmulas de intervención de un tercero (alguna de las cuales es conceptualmente muy cercana a la intervención judicial), y que tienen en común el hecho de que finalmente la solución del conflicto procede de un tercero ajeno a las partes y no integrado en un órgano judicial estatal.

  El arbitraje puede ser voluntario u obligatorio:
  En el *arbitraje voluntario*, las partes acuerdan libremente someterse al arbitraje, y la vinculación a la decisión final del árbitro deriva de ese acuerdo, lo cual sitúa a esta figura en un ámbito intermedio entre la autonomía y la heteronomía.

  En el *arbitraje obligatorio*, las normas estatales obligan, bajo determinadas circunstancias, a acudir a esta institución, por lo que las partes, sin acuerdo y de modo obligatorio, se ven sometidas a la intervención de un tercero. Dado su carácter no potestativo y restrictivo del derecho a la negociación colectiva, el arbitraje obligatorio sólo podría justificarse en el marco de los servicios esenciales, es decir, aquellos cuya interrupción a consecuencia de un conflicto pudiera poner en peligro la vida, seguridad o salud de las personas, en todo o parte de la población.

  En ambos casos, el arbitraje puede ser de *derecho o de equidad.* En el primero, la decisión a adoptar por el árbitro debe basarse en la aplicación de normas jurídicas. En el segundo, en cambio, la decisión se basa en el propio criterio de justicia del árbitro. Como es fácil de observar, si el arbitraje es obligatorio y de derecho, la figura arbitral es muy cercana a la del juez.

De todas las posibles fórmulas de solución de conflictos, en el presente manual nos ocupamos exclusivamente de la fórmula de la mediación, que presenta una fisonomía particular, por su posición como procedimiento de intervención de un tercero que, sin embargo, respeta el principio de autonomía de las partes en la solución del conflicto.

5. Finalidad de la mediación

¿Por qué existe una institución como la mediación? ¿Qué funciones cumple? A responder a estas cuestiones dedicaremos este apartado, si bien antes debemos recapitular lo expuesto hasta aquí.

En el mundo de la relaciones laborales, como decíamos más arriba, las situaciones de conflicto constituyen un elemento inherente a la dinámica de las mismas. En ocasiones, dichas situaciones tienen un carácter jurídico, y existen una serie de instancias independientes para su resolución. Pero en otros casos, se trata de conflictos de intereses (derivados de la respectiva posición de capital y trabajo en el proceso de producción), para los cuales no existe esa instancia a la que recurrir para que ponga fin a la situación.

En tales casos, la única posibilidad de solución reside en que las propias partes en conflicto alcancen un acuerdo. Y a dicho acuerdo únicamente pueden llegar a través de la negociación.

La negociación es, por tanto, una vía de solución de conflictos.

Sucede, sin embargo, que no siempre las partes, a través de la negociación pacífica, alcanzan acuerdos. Esto sucede tanto cuando las partes no alcanzan una zona de acuerdo, como cuando sobrepasan dicha zona. En tal caso, la negociación entra en vía muerta, a la vez que se agudiza el conflicto, rompiéndose su desarrollo pacífico mediante instrumentos de fuerza, y apareciendo la huelga como principal instrumento de presión de los trabajadores para alcanzar sus objetivos en el conflicto.

Es en ese punto cuando aparece la mediación.

En este sentido, la mediación aparece como un instrumento cuyo objetivo es evitar las consecuencias negativas de un conflicto o poner fin a las mismas cuando ya se han iniciado.

Pero **¿por qué las partes habrían de preferir recurrir a la mediación en lugar de poner en marcha sus mecanismos de fuerza?**

La respuesta a esa pregunta se basa en **dos hipótesis**:

1. Las partes *pueden* recurrir a medidas de fuerza (los trabajadores realizar huelga, y la empresa resistirla).
2. Ninguna de las dos partes desea la verificación de la hipótesis anterior (si los trabajadores pueden realmente realizar una huelga, y los empresarios realmente resistirla).

La fuerza de la mediación reside, por tanto, en el hecho de que cada una de las partes cree en la posibilidad de que la otra asuma medidas de fuerza, y en el convencimiento de cada una que el acuerdo es preferible a dichas medidas, por lo que ambas se hallan en condiciones de realizar concesiones para llegar a un acuerdo ante el tercero.

¿Y por qué ante este tercero puede alcanzarse un acuerdo al que las partes no han llegado por sí mismas?

La figura del mediador, y su presencia en la negociación, presenta una serie de características que favorecen el propio proceso negociador. Hay que partir de un presupuesto: la negociación directa se ha roto, y las vías de comunicación y diálogo entre las partes se han interrumpido. En esta tesitura, la presencia del mediador obliga a las partes a reemprender el proceso y a restablecer el diálogo.

Por sí mismo, este hecho no implica que las partes vayan a alcanzar el acuerdo, pero supone ya un avance importante, ya que ambas partes son conscientes de haber entrado en una fase más formalizada, en la que las reuniones mantenidas cuentan con un moderador que ordena las intervenciones y obliga a una objetivación de las posiciones, superando el personalismo que puede haber presidido la negociación anterior. El "clima" de la negociación, por tanto, entra en un proceso más distendido.

Ello es necesario, pero no suficiente. Para que el acuerdo sea posible es necesario algo más: que los canales de comunicación rotos, se recompongan. Y es esa, primordialmente, la función del mediador: hacer que las partes vuelvan a escucharse y a comunicarse sus respectivos intereses, ayudarles a descubrir estos últimos y las vías a través de las cuales pueden conjugarse.

Para hacer esto, el mediador debe desempeñar un determinado papel en el proceso, que no siempre es unívoco y que depende mucho del tipo de conflicto y de la propia posición de las partes. A ello dedicamos el apartado siguiente.

6. Cualidades y pautas del mediador

6.1. Cualidades

El propósito de este capítulo es resumir las principales cualidades de un mediador, tanto desde el punto de vista personal, como profesional. Asimismo, creemos conveniente enumerar, de forma genérica, una serie de actuaciones a tener en cuenta por el mediador, tanto desde un punto positivo, como negativo. Estas premisas sobre la actividad del mediador van a ser explicadas con mayor detalle a lo largo del capítulo sobre las etapas de la mediación.

6.1.1. Personales

Aunque estas cualidades se denominen "personales" no supone que necesariamente han de ser innatas y que, por tanto, el mediador ha de haber nacido con ellas. Son habilidades que si no se tienen se pueden ir adquiriendo con la práctica de las mismas con el transcurso del tiempo.

Estas cualidades de carácter personal están vinculadas a aspectos psicológicos del individuo.

- **Empatía:** Entendida ésta como la habilidad para ponerse en el lugar de los demás, ayuda mucho al mediador a comprender las razones alegadas tanto por las dos partes y, en su caso, por sus representantes y, en consecuencia, le confiere ventajas importantes en su actividad.
- **Valores de las partes:** La habilidad para averiguar las percepciones y los valores de los otros constituye otra cualidad valorable en un mediador. Los distintos valores afectan a la percepción del conflicto, a la forma de encauzar el mismo y a la manera de resolverlo. Las distintas culturas tienen valores distintos que deben ser adecuadamente interpretados por el mediador ajeno a esa cultura; así por ejemplo, las culturas orientales no exteriorizan las situaciones de angustia y de enfado, lo que podría inducir a error a un mediador que estuviera percibiendo el conflicto de acuerdo con sus propios valores. De otro lado, no es lo

mismo un conflicto que se plantee en el sector agrícola que una situación conflictiva del sector de servicios. Las formas de exteriorizarse el conflicto, las actitudes de empleadores y de trabajadores serán sin duda distintas en los dos sectores de actividad.

6.1.2. Profesionales

- **Imparcialidad y neutralidad:** Estas cualidades lo son tanto de la persona del mediador, como con carácter general de la institución en la que se integra, que por propia definición debe revestirlas. En tanto que el mediador se configura como un tercero independiente de las partes en conflicto, la imparcialidad y la neutralidad son cualidades inherentes a la condición de mediador. Cuestión distinta son las mediaciones efectuadas por organismos paritarios, en los que la actividad mediadora se realiza conjuntamente por representantes de los empleadores y de las organizaciones sindicales. El no inclinarse en el desempeño de su función a favor de las posturas de una de las partes del conflicto es requisito esencial para ser aceptado como mediador. Ello no supone que el mediador no tenga su propia opinión de las cuestiones sobre las que versa el conflicto, opinión esa que debe quedar totalmente al margen de su función pues en caso contrario, perdería credibilidad ante una de las partes.
- **Profesionalidad:** Que el mediador conozca la realidad sobre la que se plantea el conflicto constituye un requisito elemental. No es lo mismo mediar en un conflicto conyugal que en un conflicto laboral. El conocer el funcionamiento de las relaciones laborales, la normativa, la negociación colectiva, las soluciones adoptadas en conflictos similares aporta al mediador un bagaje importante en el desempeño de su labor. Ahora bien, ello no implica que el mediador deba tener un conocimiento exhaustivo del tema específico objeto de la mediación. Las partes le informarán de los aspectos complementarios que sean precisos para desempeñar su función.
- **Confidencialidad:** Si el mediador quiere averiguar los intereses de las partes y sus prioridades debe garantizar la confidencialidad de la información que recabe de cada una de las reuniones separadas. Este deber de sigilo se extiende incluso después de haber finalizado la mediación. Cuando en el transcurso de la mediación revele algún dato que le haya sido transmitido por una de las partes, deberá previamente pedir la autorización de ésta si entiende que el mismo es esencial para la resolución del conflicto.

6.2. Pautas

A continuación, se expondrán esquemáticamente las principales pautas a seguir por los mediadores para desempeñar correctamente su función.

¿Qué debe hacer un mediador?

1. **Prepararse previamente para la mediación**
   No se debe dejar a la improvisación la labor mediadora. Se debe, en la medida de lo posible, preparar con antelación, recabando todos los datos y la información complementaria necesaria.
2. **Situarse a igual distancia de ambas partes**
   El situarse equidistantemente de las partes en la mesa de negociación, transmite la imagen de neutralidad que las partes exigen del mediador.
3. **Tratar de forma igual a ambas partes**
   Prestar igual atención a ambas partes. Reunirse las mismas veces separadamente con ambos. Permitir el mismo tiempo de intervención en la mesa de negociación.
4. **Escuchar activamente**
   Mirar a quien interviene, observar las reacciones de los demás, interpretar qué está diciendo y cómo lo está diciendo. Buscar la confirmación de que lo que se ha escuchado es lo correcto.

5. **Anotar las cuestiones más importantes**
   Durante las intervenciones de cada parte habrá cuestiones interesantes para la negociación o sobre las cuales va a ser necesario solicitar aclaración.
6. **Intervenir el tiempo necesario**
   La función del mediador es facilitar la comunicación entre las partes, por ello sus intervenciones en la negociación serán limitadas.
7. **Intervenir cuando se produzcan silencios**
   Relacionado con lo anterior, debe impulsar la comunicación, dirigiendo la negociación en momentos críticos.
8. **Remarcar y reinterpretar lo expuesto por cada parte**
   Cuando se produzcan situaciones de tensión, ataques al contrario o equívocos, el mediador deberá superar la situación de *impasse* pudiendo, por ejemplo, señalar los aspectos positivos y reinterpretar lo expuesto por las partes, eliminando los juicios de valor y los posibles ataques al contrario.
9. **Valorar en su justa medida el papel asignado al mediador**
   No hay que subestimar ni sobrestimar la función que las partes le atribuyen al mediador ni las expectativas que su función genera.
10. **Mantener la confidencialidad**
    Se debe mantener el sigilo de las cuestiones reveladas por las partes en el transcurso de la negociación, ya sea en reuniones conjuntas o separadas.

¿Qué no debe hacer un mediador?

Algunas de las pautas que se dan a continuación, no son sino la otra cara de la moneda de las actuaciones señaladas anteriormente.

1. **Limitarse a oír a las partes**
   Si no se escucha y sólo se oye a las partes no aparecerán todos los elementos precisos para favorecer la comunicación entre las mismas.
2. **Hablar en exceso**
   El mediador, si habla en exceso no cumple la función que las partes esperan. No debe añadir obstáculos a la comunicación.
3. **Escribir constantemente o no anotar las cuestiones más importantes**
   Las partes no se sentirán escuchadas si el mediador se limita a tomar notas. Si se acuerda levantar actas de las reuniones, esa responsabilidad recaerá en otra persona distinta al mediador.
4. **No mirar a la persona que habla o interviene durante la negociación**
   Las partes deben sentirse escuchadas en sus planteamientos por alguien que les transmita confianza.
5. **Hablar en voz baja con la persona que está a su lado mientras está interviniendo otra persona**
   Esa actitud del mediador lleva a generar desconfianza en la otra parte, aunque se estén hablando cuestiones ajenas a la propia negociación.
6. **Presionar en exceso a las partes**
   Por lo general, cada uno sabe hasta donde puede llegar en sus concesiones. El mediador no debe hacerles traspasar esos límites.
7. **Transmitir prisas y urgencias durante las reuniones**
   Si el mediador no da el tiempo que la negociación precisa y transmite prisas, no va a ser capaz de profundizar en la negociación, ni obtener soluciones adecuadas.
8. **Dar un trato desequilibrado a las partes**

Ambas deben percibir y recibir un trato equivalente por parte del mediador. En caso contrario una parte no confiará en el mediador.

9. **Hacer juicios de valor sobre las posturas de las partes**
   La postura de las partes no debe ser aceptada ni rechazada por el mediador. Su opinión debe mantenerse al margen de la mesa de negociación.

10. **Engañar a las partes**
    No se debe llevar a las partes al terreno que interese al mediador con el fin de alcanzar un acuerdo, utilizando el engaño. El fin no justifica los medios. Cuestión distinta es no revelar toda la verdad.

7. El papel del mediador

7.1. Ideas generales

Si las partes de un conflicto precisan de un mediador, significa que su negociación ha alcanzado un punto muerto. Este punto puede situarse en cualquier momento del proceso negociador, incluso al principio del mismo: la intervención del mediador no presupone que haya ido precedida por largas negociaciones entre las partes, agotadas finalmente.

Lo que sí presupone, en cambio, es una ruptura de los canales de comunicación entre las partes: las partes, sencillamente, no se comunican, aun cuando puedan estar sentadas alrededor de una mesa y hablen durante horas.

(Hoja de trabajo 4: "La comunicación en el conflicto")

I. Objetivo

- *Poner de manifiesto la necesidad de comunicación entre las partes para la solución de los conflictos planteados.*

II. Título: "El viaje"

III. Relato de los hechos

A y B, que se han conocido recientemente, desean hacer un viaje de turismo, y lo desean hacer conjuntamente, pues ambos aborrecen los viajes en solitario. A es partidario de hacer este viaje en avión, pues le agradan los traslados rápidos, y lo que más le interesa de los lugares a visitar son las ciudades. B, por el contrario, siente pánico a volar, no lo hace nunca desde que un avión que había tenido que utilizar por necesidad imperativa tuvo que realizar un aterrizaje de emergencia debido a un fallo en uno de los motores. Además, a B le gusta conducir y atravesar distintos paisajes.

A tiene un carácter fuerte, y suele hablar con brusquedad y en términos muy taxativos. Está acostumbrado a imponer su voluntad, y le molesta visiblemente que le contradigan. B, por el contrario, es una persona más bien tímida, que raramente levanta la voz a nadie y aborrece las discusiones, pero que no por ello tiene menos firmeza de convicciones.

La idea del viaje surgió como por casualidad, cuando, en el curso de una conversación, conocieron que ambos deseaban visitar el mismo país sin querer hacerlo en solitario. A renglón seguido, A, con su estilo habitual, expuso el plan de viaje, que consistía en viajar en avión a la capital, y una vez ahí, realizar otros tres saltos en avión a las ciudades más importantes. En cada una de esas ciudades, podían alquilar un coche para pequeñas excursiones por los alrededores, si realmente hacerlo tenía algún interés.

B escuchó en silencio a A, y sin revelarle su pánico a los vuelos, sugirió la posibilidad de trazar toda la ruta en coche desde el origen, aludiendo a los bellos parajes que la ruta deparaba, y a los pequeños y pintorescos pueblos que se podían cruzar. A, sin embargo, replicó tajantemente que hacerlo así les impediría, dado el tiempo que disponían, alcanzar las fronteras más lejanas del país a visitar, y sobre todo, visitar la ciudad de Y, famosa por su barrio judío y su catedral. "Es tonto perder el tiempo en un viaje tan largo".

B se mostró cariacontecido, y pospuso su respuesta, alegando unas falsas obligaciones que, a lo mejor, impedían el viaje. A no entendió muy bien este cambio de actitud, pero quedó en llamar a B a la semana siguiente.

En las semanas sucesivas, B eludió todo encuentro con A, y no contestó a sus sucesivos mensajes. Finalmente, A dejó de llamar. Ninguno de los dos realizó el viaje.

IV. Comentarios

El ejemplo anterior nos permite entresacar algunos elementos típicos del conflicto. Veámoslo:

A y B tienen un conflicto, y el conflicto se refiere al medio utilizado para viajar. Parecen tener también distintas prioridades de visita, pero desconocemos el alcance real de este conflicto, dado que no llega a negociarse su contenido.

B no puede realizar el viaje en avión, pero nunca llega a manifestar este hecho, por lo que A lo desconoce. Sabe que B propugna el viaje en coche, pero desconoce los motivos reales de esta decisión, por lo que no llega ni siquiera a plantearse si dichos motivos son suficientemente poderosos para cambiar su propia preferencia por el avión.

La negativa de B a tratar el tema, se traduce en una falta voluntaria de comunicación con A, y las relaciones se interrumpen.

A y B tenían muchas probabilidades de alcanzar un acuerdo: probablemente sus prioridades no eran mutuamente contradictorias, y también queda dentro de lo posible que A comprendiera que los motivos de B para no viajar en avión eran suficientemente poderosos como para ceder en este punto, o buscar alternativas. El problema, sin embargo, es que A y B no se han comunicado, y han roto su diálogo sin haberlo apenas iniciado.

Un problema de comunicación entre partes (por cualquier motivo) genera la paralización de la negociación: las partes se ven incapaces de comunicarse sus reales intereses y llegar a un acuerdo.

Es en este punto cuando hace su entrada el mediador: por un lado, para recomponer los canales de comunicación (haciendo él mismo de transmisor, o facilitando la comunicación directa en su presencia), y por otro, para descubrir los reales intereses que subyacen en el conflicto, cuando esos intereses no se han verbalizado.

Son variados los motivos por los que se produce esta situación. En el ejemplo que hemos dado, la causa reside en la propia actitud de las personas que intervienen en el conflicto. Esta causa tampoco es ajena al ámbito laboral, donde la personalidad de los negociadores incide de modo directo en el modo en que las mismas se desarrollan. En otros casos, las relaciones interpersonales entre los negociadores, la posición de éstos ante sus representados, la falta de confianza mutua, la inexperiencia, o simplemente la creencia (fundamentada o no) de que descubrir las reales intenciones en la negociación genere una posición de debilidad frente a la otra parte, frustra la comunicación entre las partes y el logro de un acuerdo. En tales casos, la intervención del mediador puede recomponer la situación.

Que la recomponga o no, dependerá, en gran parte, de que el mediador asuma el papel que las partes esperan del mismo.

Este papel, depende a su vez de la causa que haya generado la ruptura de la comunicación. Si dicha causa es, por ejemplo, un problema de relación interpersonal, la intervención de un tercero ajeno al conflicto tenderá a una actitud moderadora, que suavice el diálogo de las partes, las cuales buscan exactamente eso del mediador En otros casos, se buscará al mediador para que actúe de auténtico canal de comunicación, trasladando las posiciones de una parte a la otra, buscando zonas de acuerdo posible una vez conocidas las pretensiones reales y las prioridades de cada una.

Dependiendo de la función que se quiera asignar al mediador, cabe hablar de dos tipos de mediadores: el mediador activo y el mediador pasivo. Muy simplificadamente, ambas figuras definen diferentes modos de asumir el papel asignado: en el primer caso, actuando de modo especialmente dinámico, formulando propuestas de acuerdo (forjando el acuerdo), y desarrollando la función de canal de información; en el segundo caso, limitándose a dirigir el proceso de una negociación desarrollada por las partes, que se hallan en contacto directo, sin formular propuestas de acuerdo sino facilitando que las mismas lleguen a él (orquestando acuerdos).

Que se adopte uno u otro papel depende de lo que las partes busquen en el mediador, y constituye un error (que a veces frustra el propio acuerdo) pensar que cualquier conflicto se puede someter a cualquier tipo de mediación, o pensar que sólo se puede someter a un tipo. Asimismo, sería erróneo valorar como "mejor" uno u otro tipo.

De ahí que la apreciación de las pretensiones de las partes sea fundamental para asumir el papel que corresponda. Más adelante desarrollaremos el tipo de conducta a seguir por el mediador y veremos cómo incluso dentro de un mismo conflicto pueden darse distintos tipos de mediador, y cómo las partes pueden también ir cambiando sus expectativas.

Antes de entrar en ello, sin embargo, trataremos de deslindar algo más los conceptos de mediación activa y mediación pasiva.

7.2. Mediación activa y mediación pasiva

(Hoja de trabajo 5: "Arquetipos de mediador")

I. Objetivos

- *Que el alumno conozca las dos formas arquetípicas de mediación, sus características fundamentales y sus diferencias.*
- *Que el alumno aprenda a situar ambos arquetipos como distintos conjuntos de técnicas y estrategias combinables frente a un supuesto concreto.*

II. Título: "Queserías de La Mancha"

III. Relato de los hechos

Queserías de La Mancha es una empresa de 122 trabajadores situada en una pequeña localidad de una vasta región española famosa por sus quesos y por sus vinos, así como por haber prestado su apellido al personaje literario de la famosa novela de Cervantes. Habiendo sido comprada por una multinacional francesa, la nueva dirección ha decidido pasar a fabricar queso tipo Camembert, trasladando sus instalaciones a la localidad francesa de Calais (lo que le permite mantener el nombre de la empresa, ya que dicha localidad se sitúa a la orilla del Canal que separa Francia de Gran Bretaña).

Iniciadas las negociaciones con el comité de empresa, al cabo de dos semanas las mismas quedan paralizadas y se convoca una huelga indefinida. Como trámite previo, la representación social solicita la intervención de un mediador.

El mediador convoca a las partes a una reunión conjunta, en la que, una vez que se ha presentado, señala una serie de reglas de funcionamiento: en primer lugar, cada una de las representaciones designará un portavoz, que será el único que intervendrá, salvo que ceda la palabra a algún otro componente de su representación; en segundo lugar, el mediador se reserva la competencia exclusiva para dar o quitar turnos de palabra, por lo que nadie interrumpirá la intervención del otro. A continuación, invita a la representación social a exponer los objetivos de la huelga.

El portavoz del comité expone, de manera sucinta, que el objetivo de la huelga es que la empresa retire absolutamente el plan de traslado. Su representación, alega, no está dispuesta a entrar a negociar en ningún caso el cierre de la planta de fabricación de queso en La Mancha.

Cedida la palabra a la empresa, ésta señala que el traslado es necesario para superar la actual situación de crisis de la empresa. El queso manchego atraviesa, en el momento actual, uno de sus momentos más bajos. Su penetración en los mercados extranjeros es prácticamente nula, sobre todo en el mercado americano (uno de los objetivos primordiales de la empresa), que prefiere a todas luces el queso francés al español. Para la empresa, el traslado no es negociable, aunque sí el resto de las condiciones: indemnizaciones económicas, condiciones de traslado (vivienda, escuela para los hijos, etc.), salarios.

El mediador pregunta a continuación al comité cuál es su posición respeto a las condiciones del traslado. El portavoz interviene de nuevo para decir que ni siquiera han entrado a valorarlas, ya que se oponen frontalmente al traslado, por lo que resulta ocioso discutir unas condiciones que tienen como presupuesto ese hecho.

A continuación, el mediador solicita que la representación de la empresa salga de la sala, y a solas con el comité, repite su pregunta anterior. El comité, sin la presencia de la empresa, reitera y amplía su respuesta. El mediador observa que, aunque ninguno se trasladara, ya que la empresa podría contratar nuevos trabajadores en Francia, cabría la posibilidad de cerrar la planta española, preguntando a los trabajadores cuáles serían sus condiciones al respecto. De nuevo, el portavoz manifiesta su absoluto rechazo a esta propuesta, alegando que no existen motivos objetivos para hacer tal cosa. Es cierto que la empresa no va tan bien como antaño, pero eso podría arreglarse con una reducción de plantilla, en la que si podrían entrar.

El mediador solicita del comité que haga su propuesta por escrito, a lo que el comité se niega: "Nuestra pretensión es la retirada del plan. Sólo si se retira desconvocaremos la huelga, y entonces podremos entrar a negociar otras cosas, sin necesidad del mediador".

El mediador sale de la sala para hablar con la empresa, y resume su reunión con el comité: "Si se retira el plan, están dispuestos a negociar otros aspectos relativos a la viabilidad de la planta española, que podrían incluir una reducción de la plantilla". "¿Firmarían eso?", pregunta a la empresa. "Creo que puedo convencerles", manifiesta el mediador.

Tras varias consultas y conferencias telefónicas con París, la empresa efectúa la siguiente propuesta al mediador: "Estamos dispuestos a retirar el plan, si el comité está dispuesto a aceptar el cierre de la planta española. Las indemnizaciones serían, en todo caso, superiores a las establecidas legalmente".

El mediador solicita a la empresa que efectúe su propuesta directamente a los trabajadores, por lo que todos vuelven a reunirse conjuntamente. Tras la exposición de la empresa, el portavoz del comité interviene airadamente: "Ya dijimos al mediador que no aceptábamos el cierre, sino sólo una reducción de plantilla, y que en cualquier caso, no pensábamos negociar este tema aquí. ¿A qué estamos jugando? Nosotros no hemos venido a perder el tiempo".

El mediador hace salir nuevamente a la empresa, y tras disculparse con el comité por lo que considera ha sido "un malentendido", intenta convencerles de que es más beneficioso aceptar negociar el cierre y obtener las máximas ventajas del mismo, que oponerse frontalmente a una decisión que la empresa puede, de todas formas, acabar llevando a la práctica, ya que la decisión sobre el cierre, al fin y al cabo, incumbe a la autoridad laboral. La huelga no hará sino aumentar la situación de crisis de la empresa, y si esa situación de crisis se prueba, la autoridad laboral aceptará el expediente de crisis, en cuyo caso las indemnizaciones serán las estrictamente previstas en la ley. Por el contrario, si negocian ahora, pueden obtener indemnizaciones superiores. El comité solicita un receso para estudiar la propuesta. Pero transcurrido el mismo, su respuesta sigue siendo la misma.

El mediador se reencuentra con la empresa y le comunica el resultado. La empresa no tiene otras medidas que ofrecer, por lo que el mediador da por terminada la mediación sin acuerdo.

IV. Comentarios

El caso expuesto ilustra en cierta medida lo dicho sobre el papel del mediador, y sobre la mediación activa y la mediación pasiva, y también ciertos errores en los que puede incurrirse al efectuar la mediación. Veámoslo.

La mediación se inicia con una reunión conjunta, y sentando una reglas que permitirían desarrollar una mediación pasiva. El objeto de esta reunión, es que cada parte presente su postura, y revele sus expectativas e intereses reales. De la reunión, el mediador saca la consecuencia que la prioridad del comité es que se retire el plan de traslado, y la de la empresa, que ese traslado se efectúe. Se trata de pretensiones mutuamente contradictorias. El mediador decide en ese punto separar a las partes, e indagar posibles zonas de acuerdo por separado. ¿Ha actuado correctamente?

No parece que este acto, en sí mismo, sea mejor o peor. Lo que sí resalta es que el objetivo que el mediador perseguía con él no se alcanzó. Y aquí sí que parece que el mediador actuó incorrectamente, ya que da directamente por terminada la fase de indagación de los intereses reales de las partes después de la primera intervención de las mismas. ¿Realmente dispone el mediador de toda la información en ese momento?

La respuesta es negativa. El mediador intenta transformar la negociación del traslado en la negociación de un cierre de empresa, y fracasa porque, aunque esta propuesta cuenta con la aquiescencia de la empresa, no entra dentro de las expectativas del comité, pese a la presión ejercida sobre el mismo. Pese a ello, el mediador no varía su propuesta ni indaga otras vías.

De la lectura del caso parece desprenderse que el interés de la empresa está en variar el producto que fabrica. En ningún caso se ha planteado, ni el mediador lo hace, la posibilidad de fabricar ese producto distinto en España. Parece obvio que dicha propuesta fracasaría si la empresa pretendiera vender un queso tan típicamente francés como es el Camembert dentro de Francia, pero su objetivo es, en realidad, el mercado americano. Supongamos que dentro de dicho mercado es indiferente el origen de dicho producto, y su único interés se halla en el producto en sí mismo, con su sabor y textura originales. Quizá en este caso cabría pensar que una solución al conflicto, compatible con los intereses de la empresa y los de la representación social, sería fabricar el producto directamente en España, solución a la que, probablemente, se hubiera podido llegar de haber indagado más en profundidad los intereses reales de la empresa.

Otro de los aspectos llamativos del caso expuesto reside en el hecho de que el mediador apenas ha trabajado con la propuesta del comité de reducir la plantilla. La ha transmitido incorrectamente, dejando que la empresa pensara que se podía alcanzar un acuerdo de cierre de la factoría, y permitiendo a la empresa desarrollar una propuesta en este sentido, cuando el comité no estaba dispuesto a escucharla. De esta manera se ha quemado dicha propuesta, invirtiéndose energías en la dirección errónea. Ello ha agudizado la tensión, lejos de suavizarla, y sin duda ha producido también un descrédito del mediador, por lo que las virtudes de la mediación como instrumento operativo se han visto seriamente comprometidas.

De la lectura de lo anterior, resulta fácil imputar algunos defectos a la mediación realizada:

1. *El mediador no ha indagado suficientemente los intereses de las partes, iniciando una intervención activa antes de tener una idea real de conflicto. La idea que el mediador se ha formado del conflicto ha sido errónea, por lo que sus pasos se han encaminado en una dirección destinada al fracaso.*
2. *El mediador no ha transmitido fielmente la información, dejando creer a una de las partes que existía una solución que la otra parte no ha propuesto. Ha manipulado la información. Sobre este punto volveremos más adelante, pero interesa dejar claro desde el principio que, aunque el mediador puede optar por gestionar y administrar la información entre las partes, y por tanto, puede modularla, no puede jamás desvirtuarla o manipularla, porque ello acaba llevando a la pérdida de confianza de las partes en su función, y esa confianza es, precisamente, el fundamento de la mediación.*

Existen más deficiencias en la actuación del mediador, y es un buen ejercicio el indagarlas. Las que hemos señalado, sin embargo, tienen una nota particular: son errores de carácter general, independientes del papel mediador que se asuma (activo o pasivo). Cualquier otro que se pueda señalar (más o menos reuniones conjuntas o separadas, presión excesiva o demasiado poca, etc.) son errores sólo en función de la concreta situación que se someta a mediación, y de las vicisitudes del proceso mediador.

El caso expuesto en la hoja de trabajo 5 permite observar los dos tipos de mediación. De entrada, parece que el mediador va a adoptar un papel "pasivo" de presidir las negociaciones sin interferir la comunicación directa. Pronto, sin embargo, este papel se trastoca: el mediador separa a las partes, hace su propia propuesta y se constituye en único canal de comunicación. Luego intenta recuperar el papel anterior, pero pronto vuelve a transformarlo.

El **mediador activo** se define en esencia por:

1. Intervenir de manera más intensa.
2. Actuar como canal exclusivo de comunicación, modulando la información presentada.

3. Efectuar las reuniones predominantemente por separado.
4. Asumir un papel dinámico, hasta el punto, en ocasiones, que es el que efectúa la presión directa sobre cada una de las partes para arrancar cesiones de las mismas.

El **mediador pasivo** se define por las características contrarias a las expuestas:

1. Apenas interviene directamente.
2. Hace predominar la comunicación directa entre las partes, y cuando no, actúa como un mero fiel transmisor de posturas.
3. Efectúa predominantemente reuniones conjuntas.
4. La presión sobre cualquiera de las partes la efectúa la otra parte, no el mediador.

El distinto papel de uno y otro mediador tiene, además, algunas consecuencias prácticas importantes. De un lado, el mediador, activo, al ser el canal de comunicación casi exclusivo de las partes, asume en ocasiones la defensa de sus posturas, ya que ésta es una función que ellas mismas no pueden desarrollar directamente; de otro lado, al estar basada su actuación en su propia eficacia como "forjador de acuerdos", sus actos de mediación se desarrollan en menos sesiones, pues se alcanza más rápidamente el punto de acuerdo o desacuerdo.

Como decíamos anteriormente, ninguno de los dos modelos arquetípicos es mejor que el otro, sino simplemente más o menos adecuado. Ambos modelos, de otro lado, son "modelos puros", es decir, modelos que en la práctica cotidiana se mezclan entre sí. Muchos procesos de mediación se inician como dilaciones pasivas, hasta alcanzar un punto en que puede hacerse necesaria una intervención más activa del mediador.

De dichas vicisitudes, y de sus fases, trataremos en otros capítulos de este manual.

8. Contexto de la mediación

El contexto de la mediación lo podemos definir como el conjunto de los elementos externos al proceso de mediación que tiene una especial incidencia en el mismo y que coadyuvan a su desarrollo adecuado.

La negociación es un *proceso de comunicación entre las partes*, correspondiendo a la mediación ir eliminando todos los obstáculos que la impidan y servir de catalizador de la misma. Alguno de esos obstáculos de comunicación tiene un origen externo a las propias partes en conflicto, en el entorno de la negociación.

8.1. Lugar de la mediación

El lugar donde las partes se van a reunir con el mediador con la finalidad de ir acercando sus posturas para alcanzar un acuerdo tiene más importancia de la que usualmente se le ha dado.

Podríamos decir que es uno de los aspectos de la llamada "**liturgia de la mediación**". Así como la administración de la justicia tiene unas determinadas normas litúrgicas (vestimenta, ubicación del juez, de los abogados y de las partes), la mediación tiene la suya propia.

La mediación en el terreno de las relaciones laborales puede alcanzar un mayor o menor grado de formalidad. Dependerá de la situación que se plantea y de cómo se plantea, así como de si la mediación es voluntaria u obligatoria o previa o no a una declaración de huelga. Nada impide que, en la práctica, una mediación pueda hacerse, incluso, mediante una conversación por separado del mediador con cada parte en la que les proponga una solución concreta sobre la cuestión que les separa y que se alcance un acuerdo.

Pese a ello, se puede señalar que existen unas **normas generales** que salvo excepciones concretas se deberían cumplir. Una de ellas es la de efectuar la mediación en un espacio adecuado a las necesidades específicas de la misma.

8.1.1. Sede de la mediación

La mediación se puede efectuar en un lugar ajeno a las partes, o en la sede de la empresa o de un sindicato u organización empresarial.

Lugar neutral
La sede del mediador o de una administración laboral específicamente destinada a estas funciones es un lugar adecuado para llevar a cabo el proceso de la mediación.

Su principal ventaja es que permite que tanto la representación de los trabajadores, como la de los empleadores, se encuentren en **situación de igualdad**; no domina el terreno ninguna de ellas, pues si así fuera determinaría que se encontrara una parte en situación de prevalencia respecto de la otra.

Además, permite al mediador dominar el terreno en el cual se lleva a cabo la mediación y, sin duda, **facilitar el establecer las normas de procedimiento que han de regir el proceso**, tal como se expone en el apartado "etapas de la mediación".

Ambas partes se van a sentir en condiciones de igualdad en el inicio de la negociación, y será uno de los elementos que les una. Ninguno va a jugar en el campo del contrario, sino en terreno neutral.

También un **lugar distinto** a la sede del mediador o al de una administración laboral puede servir y reunir las condiciones expuestas de neutralidad.

Sede de una de las partes o sede del conflicto
Puede que las negociaciones se deban realizar en la sede de una de las representaciones (sede del sindicato o de la organización empresarial) o bien en la propia empresa, donde se origina el conflicto. La causa puede ser la inexistencia de una sede neutral o falta de disponibilidad en el momento en que se negocia de esa sede, o bien la necesidad de acceder a determinada información o a ciertos medios materiales que sólo pueden obtenerse en las mismas.

La no disponibilidad de una sede neutral no debe impedir la mediación. Si las partes desean negociar hay que remover todos los obstáculos, incluso el de la no disponibilidad de un lugar neutral para llevar a cabo la mediación. El escenario es importante, pero no esencial.

La decisión de celebrar las reuniones en un lugar no neutral no debe ser **aceptada por ambas partes** y no se puede imponer unilateralmente por el mediador, pues ello puede llevar al fracaso de la propia negociación y de la labor mediadora.

A pesar de que sea aceptado por ambas partes ese lugar no neutral, tiene el **inconveniente** de que una de las partes se va a encontrar psicológicamente en inferioridad de condiciones respecto de la otra, por lo que el mediador debe desde el primer momento tomar todas las medidas necesarias para restablecer ese equilibrio formal, y "hacer suyo" el espacio donde se efectúa la mediación. La forma en que el mediador compensará ese desequilibrio será a través de la fijación de las pautas de la dinámica del proceso de negociación, no permitiendo manifestaciones de una de las artes que muestren su prioridad respecto de la otra (por ejemplo, no permitir interrupciones en la reunión, o llamadas telefónicas).

Sin embargo, existen mediaciones en las que la elección de la sede de la empresa para llevar a cabo la mediación representa una **ventaja**. Así, en los supuestos de mediaciones en los que se requerirá una *información muy específica* sobre los temas en disputa, o datos técnicos que sólo se pueden obtener en la empresa, la elección de este lugar para efectuar la negociación representará una ventaja.

8.1.2. Características del lugar

Las características de la sede de la mediación han de ser adecuadas a las necesidades específicas del proceso de negociación que se esté llevando a cabo. A continuación señalaremos unas condiciones generales que deben reunir los lugares donde se realice la mediación.

Salas disponibles
Como norma general debe haber una **sala de plenario** o lugar que permita la reunión de la representación de los empleadores, trabajadores y mediador en condiciones adecuadas. La adecuación de la sala se refiere a la existencia de una mesa en torno a la cual se van a sentar en condiciones idénticas ambas representaciones, presididas por una tercera persona: el mediador.

El mediador **preside** la reunión sentándose de forma **equidistante** a ambas representaciones. A cada lado se sentará una representación, a la izquierda trabajadores y a la derecha empresa o bien al lado derecho del mediador los representantes de los trabajadores y al lado izquierdo los empleadores. Si bien no hay una norma para determinar la ubicación de cada representación, se puede dejar a las partes que de forma espontánea y libremente decidan dónde se sentarán, salvo que eso origine en sí mismo un conflicto o que existan en el país, sector, organismo o institución unas normas propias de ubicación de cada una de las representaciones.

La **regla de oro** es que ambas partes deben estar y sentirse en condiciones de igualdad respecto de la otra. Si no existe este equilibrio, la comunicación puede dificultarse más. Por ello, no se debe permitir que una de las representaciones se encuentre en situación de inferioridad respecto de la otra, bien sea porque tienen menos espacio disponible para sentarse en torno a la mesa, bien porque tienen sillas distintas o de altura distinta.

Puesto que durante el proceso de mediación se pueden llevar a cabo por el mediador reuniones separadas con cada parte y éstas a su vez pueden tener que reunirse entre ellas para tomas sus propias decisiones internas durante la mediación, es siempre aconsejable contar con **una o dos salas anexas complementarias** que permitan ese doble objetivo.

Si no se pudiera contar con esas salas el mediador utilizará su propio despacho, o si ello no fuera posible, hará que cada representación en forma alternativa salga de la sala del plenario para hablar de forma separada con cada representación. Esta solución si bien no es la ideal, siempre que se explique a las partes va a permitir que el mediador tenga las necesarias reuniones por separado con ambas.

Condiciones necesarias
El lugar de reunión para la mediación debe tener las **dimensiones** suficientes para que todas las personas que componen cada una de las representaciones puedan estar sentadas en torno a la mesa de negociación y en igualdad de condiciones. Así, la altura y condiciones de las sillas deben ser iguales para las dos partes y para el mediador, quien a diferencia del juez se coloca a la misma altura que los negociadores.

En consecuencia, además de la sala, es esencial una mesa adecuada y las sillas necesarias. La forma de aquella puede ser rectangular, ovalada o incluso redonda para poder favorecer el proceso negociador.

De otro lado, esta sala debe reunir unas **condiciones mínimas** de confort, temperatura, iluminación y audición adecuadas que permitan que la negociación y el proceso de mediación se lleven a cabo adecuadamente.

Un lugar oscuro, caluroso o frío, con mala sonoridad no permitirá una comunicación fluida entre las partes quienes sin duda no desearán seguir en torno a una mesa en la cual no existen unas condiciones mínimas de confort.

La **iluminación**, artificial o natural, debe ser adecuada y no situar a una de las partes en situación de desventaja respecto de la otra. Por ejemplo, el deslumbramiento de la entrada de los rayos solares por una ventana a las personas de una de las representaciones las coloca en una posición desfavorable respecto a aquellas a las cuales los rayos solares no deslumbran.

Una elevada **temperatura** o un excesivo frío en el lugar donde se lleva a cabo la mediación, supondrá una sensación incómoda para la mayoría de las personas que conforman cada una de las representaciones, incluso para el mediador, quienes estarán pensando en abandonar la reunión lo antes posible en vez de estar concentrados en la propia negociación.

Las **condiciones acústicas** tienen su importancia, especialmente cuando las representaciones son numerosas y parte de los miembros de la representación no pueden escuchar las intervenciones de los portavoces o del mediador. Ello dificulta la comunicación y por tanto el normal desarrollo de la mediación.

La **ventilación** o condiciones ambientales es uno de los aspectos que van a determinar la norma, entre otras más generales, de permitir o prohibir fumar, así como la regulación de pausas y descansos en el proceso de mediación. En general, dado que habrá personas que no fumen, una de las pautas deberá ser el no permitir fumar durante las reuniones conjuntas, si bien el mediador deberá evaluar esta prohibición a efecto de dosificar los descansos necesarios para las personas fumadoras, pues en caso contrario cuando existan personas fumadoras puede que la tensión suba innecesariamente. Cuando este extremo se perciba y tenga como causa la prohibición de fumar, el mediador deberá permitir un receso para los fumadores.

8.2. Ubicación del mediador

La persona que dirige la mediación se ha de ubicar en un punto equidistante entre ambas representaciones. Si la mesa es ovalada o rectangular se situará en la cabecera de la misma y, si es posible, colocado en un lugar que le permita ver la puerta de la sala de reuniones.

No es conveniente que los componentes de una de las representaciones se sitúen más cerca del mediador que los de la otra representación, pues puede provocar desconfianza de las personas que se encuentren más alejadas del mediador, sobre todo si se trata de las primeras reuniones.

Esta distancia más reducida puede suponer que el mediador en determinados momentos, de forma espontánea hable en voz baja o haga algún comentario con la persona que esté sentada más próxima, provocando, sin duda, el recelo de los miembros de la otra representación.

8.3. Composición de cada representación

Sobre la composición de la representación de los trabajadores y de la representación empresarial, hemos de tener en cuenta distintos elementos para que el proceso de negociación se desarrolle correctamente, posibilitando que la mediación cumpla la función de cauce adecuado de comunicación.

No debemos menospreciar las cuestiones que afectan al tamaño de cada representación en la mesa de negociación, los portavoces presentes en la misma, la capacidad de decisión y de adopción de acuerdos de cada representación, pues son factores vitales para el éxito de la negociación.

Tamaño
Salvo casos concretos determinados por la legislación de cada país[2], en general el número de miembros de cada representación ha de ser **igual**. No es conveniente que exista un claro desequilibrio en el número de personas presentes por la parte empresarial y por la parte sindical, pues ello complicará las normas de procedimiento y dificultará la labor del mediador.

En general, encontraremos que la representación de los trabajadores tiende a ser más numerosa que la empresarial, bien sea por la distinta composición sindical, bien porque en situaciones de gran conflictividad se tiende a demostrar la fuerza con la presencia de un número importante de afectados por el conflicto.

Se ha de procurar que el tamaño de cada representación sea lo menos numeroso posible, pues el verdadero proceso negociador se inicia con una comunicación fluida entre personas. Si esto no fuera posible se deberán proponer por el mediador las **medidas necesarias para lograr la eficacia** de la negociación. De entre estas medidas destacamos:

- Nombramientos de **portavoces** que asumen de forma prioritaria el papel de intervenir en las negociaciones.
- Formación de **comisiones reducidas** para negociar determinadas materias, como pueden ser aquellas que sean más complejas técnicamente, o más conflictivas.
- Compromiso de las partes demantener **reuniones informativas periódicas** y frecuentes con aquella parte de la representación que no pueda estar presente en la sala de reuniones. No es una situación ideal el negociar teniendo que interrumpir de forma periódica las conversaciones o sabiendo que tras la puerta hay personas pendientes de lo que se está diciendo en la mesa, pero esta solución es menos problemática que la de negociar con una representación muy numerosa y/o desequilibrada.

8.4. Organización de las reuniones

La responsabilidad sobre la organización de las reuniones recae directamente sobre el mediador, no debiendo permitir, en la medida de lo posible que los extremos relativos a la forma de organizar las reuniones sea objeto de negociación por las partes en conflicto. A continuación vamos a señalar algunas de las ventajas e inconvenientes que tiene las distintas formas de organizar las reuniones.

No debemos perder de vista el hecho que cada proceso mediador tiene sus propias peculiaridades y que no existen normas o principios universales. Lo que sí podemos aportar son distintas pautas para poder orientar el conflicto.

El dilema de reuniones conjuntas o separadas
El organizar las reuniones de mediación de forma conjunta o separada con cada una de las representaciones ha sido asociado por algunos autores con un modelo o tipología de mediación. Así, el mediador llamado intervencionista o activo optaría por reuniones separadas con cada representación, como medio de ir acercando las posturas de las partes, a diferencia del modelo pasivo de mediación en el cual se opta por efectuar reuniones conjuntas con ambas partes en conflicto y presidida por la persona del mediador.

Tal como indicamos en el apartado relativo a las distintas clases de mediación, dentro de un mismo proceso de mediación de un conflicto el propio mediador puede adoptar ambos modelos, sin que por tanto esa clasificación responda a una forma específica de organizar las reuniones.

A continuación enumeramos algunas de las ventajas de las reuniones conjuntas y de las reuniones separadas, sin que sea una relación exhaustiva.

[2] En algunos países la regulación de comisiones negociadoras establece un número máximo de miembros de cada parte, pero no exige dentro de ese límite una composición equilibrada.

Ventajas de las reuniones conjuntas

- Sirven para una exposición más objetiva de los hechos por cada parte, pues saben que su versión demasiado subjetiva será replicada por la otra representación.
- Permiten a cada parte conocer la percepción que del conflicto tiene su oponente.
- Posibilitan al mediador observar las reacciones y forma de actuar de los componentes de cada representación. Le permite averiguar si hay o no enfrentamientos personales y el grado de personalización del conflicto.
- Estimulan la negociación entre las partes, al darse las posibilidades de réplicas y contrarréplicas a las mismas y permite al mediador ir encauzando la negociación.
- Pueden ayudar a las partes a "estar de acuerdo en los desacuerdos". Aunque parezca una obviedad, en muchos conflictos no se pueden delimitar con precisión los puntos en los cuales las partes están en desacuerdo e impiden solucionar el conflicto.

Ventajas de las reuniones separadas

- Disminuyen los enfrentamientos entre las partes, especialmente en conflictos que vienen precedidos de graves disputas, con un elevado grado de personalización del conflicto.
- Facilita al mediador conocer cuáles son los intereses de cada representación y sus prioridades. En las reuniones separadas con cada parte el mediador se acerca con mayor facilidad a las necesidades de las mismas y la comunicación es más fluida.
- Permite al mediador ir consensuando separadamente los distintos puntos de lo que puede constituir un acuerdo entre las partes y conocer cómo debe presentarse esa propuesta de acuerdo.

Pautas para celebrar reuniones conjuntas o separadas

Norma general

La primera reunión y la última deberían ser conjuntas.

La primera reunión sirve para conocer las posiciones de las partes, quienes deberán hacer un esfuerzo de objetivación de las controversias sobre las cuales se fundamenta el conflicto y conocer la versión que del mismo tiene la otra parte.

Además, sirve al mediador para señalar las reglas de procedimiento de la mediación.

Tanto si el conflicto acaba con acuerdo, como si éste no ha sido posible conviene llevar a cabo una reunión conjunta. Si el acuerdo ha sido posible nada impide que se sienten de nuevo en torno a una mesa, si ello no fuera factible habría que interrogarse sobre la viabilidad futura de ese acuerdo y sobre los posibles puntos débiles que presente. Cuando no ha sido posible el acuerdo ambas partes deben asumir las consecuencias que implica y valorar las distintas alternativas que a cada una le quedan.

Excepciones

La norma anterior tiene sus excepciones, dependiendo la aplicación de la misma, de distintos factores:

- conocimiento que el mediador tenga de las partes en conflicto;
- conocimiento del conflicto y de las disputas que en él se plantean;
- haber llevado a cabo o no las partes un proceso previo de negociación directa;
- grado de enfrentamiento de las partes en conflicto.

Así, por ejemplo, en un proceso de mediación durante el ejercicio de una huelga en la que ha habido graves enfrentamientos, puede no ser aconsejable una reunión conjunta entre las partes como inicio del proceso.

Reuniones separadas
En las reuniones separadas o parciales los componentes de ambas partes en conflicto están distanciados físicamente en salas distintas, como recurso utilizado intencionadamente por el mediador para facilitar su labor.

Las requeridas condiciones de imparcialidad y neutralidad de la persona del mediador van a posibilitar que éste mantenga reuniones separadas con las partes, sin que por ello sean cuestionadas esas cualidades.

Ahora bien, la iniciativa para mantener reuniones separadas puede surgir, además del mediador, de una de las partes, siendo aconsejable que el mediador acceda a esos recesos.

¿Cuándo se pueden utilizar las reuniones separadas?
Distintos son los momentos y situaciones en los que el mediador puede recurrir a suspender las reuniones del plenario, acudiendo a reuniones separadas de cada representación. A continuación enumeramos algunas de ellas:

1. *Excesiva tensión o enfrentamiento personal entre las partes*
   Una vez superado un tiempo prudencial en el cual se han descargado las tensiones que pueden acompañar a una situación de conflicto, si los enfrentamientos de carácter personal continúan a pesar de los intentos del mediador de evitarlos, se debe separar a las partes para evitar que se agraven aún más los enfrentamientos y el proceso sea irreversible.

2. *Disensiones en el seno de una de las representaciones*
   Cuando en el transcurso de una sesión de mediación se observa que surgen discrepancias graves entre los miembros de una de las partes, es conveniente que el mediador interrumpa la reunión. La complejidad de la composición de la representación de una de las partes puede provocar estas disensiones por los diferentes intereses internos.

   Se ha de evitar situar a una de las partes en una posición de inferioridad respecto de la otra, al haberse evidenciado su falta de consenso interno, pues con mucha probabilidad esa situación provocará cierta debilidad para afrontar la negociación a la parte que la padece.

3. *Punto muerto*
   Existen momentos en los cuales no se avanza, el diálogo no es eficaz, se dan vueltas sobre el mismo tema sin que se hagan aportaciones válidas y productivas para la negociación, se producen silencios excesivos. En estas ocasiones el mediador, responsable de administrar el proceso, puede acudir a las reuniones separadas para romper esta dinámica.

4. *Falta de experiencia negociadora de una de las partes*
   Ocasionalmente puede ocurrir que una de las representaciones adolezca de falta de experiencia de negociación y realice propuestas prematuras, inaceptables o contrarias a la legalidad. En estas situaciones se puede considerar la posibilidad de que el mediador utilice la reunión parcial como medio de superar aquellas situaciones.

5. *Actuación de los asesores de las partes*
   Estas reuniones sirven para que los asesores de cada representación informen, asesoren o convenzan a sus integrantes sobre las posibilidades de acuerdo o soluciones del conflicto que se proponen en el transcurso de la negociación.

6. *Averiguar los intereses y prioridades de cada parte*
   Si en el transcurso de las reuniones del plenario no le ha sido posible al mediador conocer cuáles son los intereses de ambas o una de las representaciones, se utiliza el recurso de las reuniones separadas en las cuales las partes son más sinceras, se expresan con más libertad y se genera un ambiente de mayor confianza con el mediador.

7. *Generar alternativas de solución al conflicto*
   En las reuniones separadas, el mediador que ya conozca los intereses reales de las partes y la prioridad de los mismos, puede ir generando distintas posibilidades de acuerdo e ir

indagando la reacción de cada parte ante las distintas propuestas que hace directamente el mediador o que transmite de una parte a otra.

8. *Estudio y discusión interna de propuestas de acuerdo*
   La entrega de documentación sobre los temas objeto de discusión o la presentación de una propuesta de acuerdo por la otra parte o por el propio mediador hace necesaria, en la mayoría de las ocasiones, el que se lleve a cabo una reunión separada de la representación que debe proceder al análisis más pormenorizado de la documentación entregada o de las propuestas de acuerdo planteadas.

   También se puede precisar esa reunión separada cuando una o dos de las partes deben acometer una consulta externa sobre la aceptación de una propuesta.

8.5. Papel de los portavoces o asesores de cada representación

En un proceso de negociación en el cual las partes acuden a un tercero para resolver el conflicto, éstas pueden comparecer en solitario o acompañadas por asesores o portavoces.

Estos terceros pueden ser abogados de la empresa o de la organización de empleadores, de los trabajadores o de su sindicato, o pueden ser representantes sindicales o empresariales no directamente afectados por el conflicto y que tengan como misión asesorar durante el proceso de negociación a una de las partes.

La presencia de estas personas ajenas al conflicto mismo pero directamente relacionadas con él es más importante de lo que inicialmente puede parecer puesto que pueden desempeñar papeles estratégicos complementarios al propio proceso de mediación.

Así por ejemplo, si a la mediación una de las partes en conflicto acude con un asesor sindical que en otro momento acudió a otro proceso con el mismo mediador y ese conflicto terminó satisfactoriamente para ambas partes, el mediador tiene una gran parte de terreno ganado, la confianza en su labor que será transmitida por el asesor a las partes le permitirá sin duda aproximarse con más facilidad a los intereses de esa parte.

A menudo, los asesores actúan como portavoces de su representación en el proceso de mediación, aunque no es siempre regla general.

A continuación vamos a enumerar algunas de las ventajas y de los inconvenientes de la presencia de asesores de cada una de las representaciones.

Ventajas

1. Permiten al mediador conocer la postura de la representación a la cual asesoran, así como conocer los intereses y prioridades de los mismos.
2. Pueden convencer a cada parte de la necesidad de alcanzar un acuerdo y de la viabilidad de los términos propuestos para el mismo.
3. Asesoran a miembros de las partes con escasa experiencia negocial o incluso cuando se plantean propuestas de solución claramente ilegales o inviables.
4. Evitan que el mediador agote su capacidad de persuasión prematuramente.
5. El conocimiento previo de esos profesionales por parte del mediador en experiencias positivas anteriores puede favorecer la consecución del acuerdo.
6. Pueden aportar una visión más objetiva de las causas y de la evolución del conflicto que la que tengan las propias partes.

Inconvenientes

1. Pueden personalizar el conflicto o seguir determinadas directrices establecidas por su organización, obedeciendo a intereses distintos a los derivados de las disputas planteadas en el propio conflicto.
2. En el caso de asesores inexpertos, su desconocimiento del conflicto puede llevar a enviar mensajes equivocados a la representación que asesoran e incluso negarse a participar en reuniones separadas.
3. En los supuestos en que los asesores no tengan la confianza de sus representados, supondrá un inconveniente para la labor del mediador.
4. Una experiencia anterior negativa del mediador con el portavoz o asesor puede prejuzgar la labor del mediador y dificultar su función en un conflicto distinto.

De todas formas, se puede concluir que la presencia de un asesor de cada una de las partes, por lo general, tenderá a facilitar la labor del mediador y su presencia no debe ser un obstáculo.

Probablemente, cuando ambas partes vengan representadas por profesionales que se conozcan de experiencias anteriores, este hecho ayudará a que el conflicto se resuelva con mucha más facilidad, permitiendo incluso al mediador que mantenga reuniones conjuntas con ambos asesores, en las cuales los caminos de solución del conflicto serán más fáciles de encontrar, (en este caso deberá evitarse cualquier tensión, que permita a las partes considerar que el acuerdo se fraguó a sus espaldas).

Por último, un mediador no debe en ningún momento intentar neutralizar la labor de los asesores, ni sustituir la función que respecto de las partes deben cumplir en el proceso de negociación de las controversias.

9. Etapas de la mediación

A continuación vamos a intentar estructurar las distintas etapas de la mediación. Sin embargo, no se nos debe olvidar que cada mediación es distinta, no hay dos mediaciones iguales. Tampoco las etapas son iguales en cuanto a su enfoque, duración y contenido. Probablemente nos encontremos algunas de estas etapas solapadas entre ellas por causa del propio conflicto y de la forma que se presenta al proceso de mediación.

Esa falta de homogeneidad del papel del mediador no impide que podamos estructurar este proceso en distintas etapas que con toda seguridad seremos capaces de distinguir en las mediaciones que se nos sometan. Para ello vamos a dar unas pautas comunes de actuación del mediador en cada una de las fases de su intervención, con independencia de la variedad de situaciones que la realidad nos presenta.

9.1. Preparación de la mediación

Previamente al primer encuentro con las partes –sea éste conjunto o por separado- es preciso un proceso de preparación de esa reunión, el cual sin duda aportará muchos elementos de apoyo a la labor de la mediación. Un exceso de confianza del mediador le puede llevar a eliminar esta primera fase de aproximación al conflicto que se le plantea, sin que ello suponga necesariamente el fracaso de su actividad, pero la experiencia demuestra que se puede obtener una **mayor eficacia** en la función mediadora si esta fase previa se acomete adecuadamente.

El **objetivo** de la misma es recabar toda una serie de elementos sobre el contexto, objeto y sujetos del conflicto que aportarán una mejor comprensión del mismo, así como de las posibles soluciones que se pueden aportar. Tanto en este primer acercamiento al conflicto, como en las demás etapas, el mediador no debe prejuzgar el conflicto, ni sus causas, ni tampoco las posiciones de cada parte.

Varios son los **elementos** sobre los que se debe preparar la mediación, sin que la ausencia de alguno de ellos suponga un fracaso de esta etapa. Probablemente, parte de estos extremos se averiguarán en el curso del proceso de mediación propiamente dicho, pero un gran número de ellos se puede considerar de esta primera etapa[3]. Podemos destacar los siguientes:

1. Estudio de los antecedentes del conflicto.
2. Examen de los escritos en los que se plantea la solicitud de mediación.
3. Análisis de los objetivos de cada una de las partes.
4. Contexto del conflicto y soluciones alcanzadas en conflictos similares.
5. Composición de cada una de las representaciones (empleadores y trabajadores).
6. Tamaño de cada una de las representaciones.
7. Consideración de quién ha partido la iniciativa de la solicitud de mediación.
8. Asesores o portavoces designados por cada una de las partes.
9. Medidas de presión utilizadas por cada parte.
10. Estudio de la normativa aplicable, contratos colectivos, acuerdos.

9.2. Inicio: presentación del mediador y determinación del procedimiento

Esta segunda fase tiene una gran importancia, pues constituye el primer acercamiento del mediador a las partes y puede condicionar la percepción que las mismas tengan de aquel en todo el proceso.

Durante la presentación e inicio de la mediación se transmiten a las partes toda una serie de valores y elementos necesarios para el buen desarrollo de la actividad mediadora.

1. **Presentación del mediador y verbalización de la profesionalidad**

- El mediador se presenta y transmite a las partes las características más importantes del mismo en relación con el proceso de mediación: independencia, neutralidad, imparcialidad y profesionalidad. Ello le permitirá ganar la credibilidad de las partes. En esta presentación no tienen necesariamente que manifestarse de forma explícita estas cualidades o características sino que existen formas indirectas de transmisión.
- Además, el mediador debe transmitir a las partes la constatación de una situación de conflicto que ambas han de aceptar para poder acometer su solución.
- Una vez aceptada la existencia de ese conflicto se debe transmitir que la misión del mediador es la de ayudar a las partes a que alcancen por medio de la negociación un acuerdo.
- Se insistirá a las partes que uno de los principios que ha de presidir todas las negociaciones es el de la **buena fe**.

Como consecuencia de su presentación, el mediador debe dejar en las partes sensación de confianza y seguridad en sí mismo, que permitirá transmitir, a su vez, a las partes confianza en el mediador y en el proceso.

[3] Para esta primera etapa tiene gran utilidad el escrito que puede plantear la solicitud de mediación por una de las partes, que nos puede aportar varios elementos para una primera aproximación al conflicto. Así en este sentido, determinadas regulaciones de la mediación en el campo de las relaciones laborales exigen que en ese escrito de solicitud se consigne algunos de estos elementos que a continuación se señalan. En España el Reglamento de Aplicación del Acuerdo sobre Solución Extrajudicial de Conflictos laborales (ASEC), resolución de 29 de enero de 1996, en su artículo 14 señala los extremos que debe contener el escrito de iniciación de la mediación.

2. **Señalar las reglas de juego o procedimiento**

Una vez efectuada la presentación, es conveniente que le mediador señale las normas de procedimiento que se van a seguir durante el trámite de la mediación.

Una excesiva formalidad o procedimentalización de la mediación nos puede llevar a que el proceso de negociación entre las partes quede encorsetado y, por lo tanto, dificulte la comunicación entre las mismas y el necesario acercamiento de las posturas. El método opuesto, es decir, la ausencia total de reglas de juego, puede convertir las reuniones de mediación en un foro de incomunicación entre las partes.

Las reglas de desarrollo de las reuniones que pueden señalarse por el mediador son las siguientes:

2.1 Nombramiento de portavoces en cada una de las representaciones

Si en una de las representaciones hay varios intereses en juego, como por ejemplo diversos sindicatos representados, es conveniente flexibilizar la norma de uno o dos portavoces, adaptándola a la composición de la representación.

El nombramiento de portavoces en cada una de las partes no debe impedir que en determinados momentos el mediador permita hablar a otras personas distintas, si se considera que ello va a aportar elementos interesantes a la mediación o sirve para descargar tensiones.

2.2 *Moderación de los debates*

Se debe señalar que va a ser el mediador quien dé la palabra a las personas que la soliciten, así como la que fije los diversos recesos, si bien se permitirá a las partes la solicitud de interrupciones de las reuniones.

El mediador puede señalar, según estime conveniente, la duración máxima de las intervenciones de cada una de las representaciones, para evitar largas exposiciones que no aporten elementos nuevos a la negociación.

No debe transmitirse en ningún momento prisa por acabar las reuniones y el proceso de mediación: eso desanima a las partes a profundizar en el proceso negociador.

Cabe la posibilidad de que alguna de las partes no esté de acuerdo con ciertas normas de procedimiento que haya señalado el mediador (horario de las reuniones, lugar, duración) en cuyo caso éste deberá buscar un consenso que servirá además para ir abriendo camino en el propio proceso de negociación y en alcanzar acuerdos.

2.3 Determinación de la estrategia

El mediador debe considerar en esta fase la posibilidad de transmitir a las partes la estrategia que va a seguir durante el proceso de mediación: si va a tener una actuación intervencionista o activa o, si por el contrario, durante la mediación su actuación va a ser pasiva o de aproximación de las posturas de las partes.

Asimismo, puede transmitir que en una primera fase va a permitir, interviniendo lo menos posible, que ambas partes negocien en su presencia y que sólo cambiará la forma de su actuación cuando las negociaciones se encuentren en un punto muerto y no se avance en ese proceso.

Sin embargo, van a ser las propias características del conflicto y las actitudes de las partes las que van a indicar al mediador si debe comunicar o no a las partes la estrategia que va a seguir.

Como norma general y especialmente en conflictos donde las partes no conciban la mediación de un tercero como habitual, se debe comunicar en forma expresa que se mantendrán por el mediador reuniones separadas con las partes cuando lo estime preciso, como medio de obtener una mayor información sobre las posturas de cada parte.

9.3. Negociación directa: primera aproximación

Si se conocen los antecedentes del conflicto y de las partes del mismo, así como la etapa en que el conflicto se encuentra, podemos tener elementos suficientes para decidir si la primera reunión de mediación debe ser conjunta o, si por el contrario, conviene separar a ambas partes. En cualquier caso, siempre será necesaria una primera intervención de cada una de las partes, en la que ofrezcan su propia versión del conflicto planteado.

1. Objetivos de las primeras intervenciones

- **¿Qué obtendrá el mediador?**
  La utilidad para el mediador de esta primera aproximación de las partes es doble: de un lado, conocer de boca de sus propios protagonistas la historia del proceso negocial que han llevado a cabo antes de iniciarse la mediación, y de otro, conocer cómo percibe y cómo vive cada una de las partes el conflicto.

- **¿Qué obtendrá cada una de las partes?**
  El tener que hacer el esfuerzo de explicar las causas del conflicto, los antecedentes del mismo, la postura de cada parte en los distintos puntos sirve para que se analicen por cada representación la evolución del conflicto y su propia postura en el mismo, así como para que la otra parte se acerque más a las necesidades de su oponente.

  En esta primera reunión, conjunta o separada, vamos a conocer directamente de sus protagonistas la versión y percepción que cada uno de ellos tiene del conflicto y de las disputas existentes. Durante la preparación del conflicto hemos podido averiguar la visión de una de las partes o los antecedentes de conflictos anteriores, pero es en este primer contacto donde vamos a obtener nuevos elementos que nos van a ayudar en nuestra función.

2. Pautas para la primera aproximación

- **Dar la palabra a los negociadores para el inicio de sus exposiciones**
  Una vez establecidas las normas de procedimiento, a continuación en la misma sesión o en una nueva reunión, se debe dar la oportunidad a las partes para que transmitan su propio visión del conflicto.

  Estas primeras intervenciones tienen como **objetivo** el que cada parte describa los antecedentes, la evolución de las negociaciones y la situación actual en la que se encuentran las materias que han sido objeto de negociación. La finalidad es doble:

  a) Que cada parte conozca la visión que del conflicto tiene la otra parte, cómo percibe las negociaciones que han llevado a cabo, así como los puntos de desacuerdo.

  b) Que el mediador conozca en ese momento la versión de ambas partes y puedan así unificarse las diferentes versiones.

- **Hay que prestar atención a quien habla por cada una de las representaciones, cómo lo hace y cómo los demás reaccionan ante esa intervención**
  Así, si la persona que interviene es escuchada con atención por el resto de los miembros de su representación, es un indicio de que tiene el respeto y la confianza de esa parte.

  También es conveniente fijarse en la reacción de la otra parte frente a las intervenciones que se van produciendo en cada una de las representaciones. Ello nos puede brindar pautas sobre liderazgo, credibilidad y nivel de representación.

  Además, en estas primeras intervenciones la observación de la expresión corporal es muy importante para el mediador, nos dará pautas sobre las distintas percepciones y reacciones que el conflicto plantea a las partes. Entre estas manifestaciones de lenguaje no verbal podemos citar, por ejemplo:

- la forma de sentarse, distancia a la cual se sientan;
- los gestos de las manos, los movimientos repetitivos;
- a quién miran las partes cuando intervienen (al mediador, o a la otra parte y a quién de la otra parte);
- si toman notas o no sobre lo que se va diciendo (si la otra parte toma notas puede darnos un indicio de qué está escuchando y de que se están diciendo cosas nuevas o de que se está preparando para contradecir esa intervención con la cual no comparte determinados extremos).

Estas percepciones variarán en función de patrones culturales, así como del grado de tensión que aporte el conflicto en esta fase.

3. Algunas bases para el inicio de las negociaciones

3.1 ¿Quién debe intervenir en primer lugar?

No hay una regla única sobre el orden de intervención de las partes, el mediador es el que ha de fijar las pautas adaptándolo a las propias realidades del conflicto y de, en su caso, las normas legales que regulen el proceso de mediación.

Así, es conveniente valorar distintos extremos a la hora de decidir quién interviene en primer lugar, como son: dar la palabra en primer lugar a aquella parte que ha solicitado la mediación, o bien si tenemos un amplio escrito en el que se recoge la posición de una de las partes, iniciar la sesión con la intervención de la parte que no ha tenido oportunidad de expresar su postura.

Una **norma general** puede ser que la representación de los trabajadores sea quien inicie las intervenciones, salvo que haya sido la representación empresarial quien hubiera solicitado la mediación, correspondiendo, por tanto, a ésta exponer, en primer término, su propia versión del conflicto.

3.2 ¿Cómo han de intervenir las partes?

En la introducción o presentación por el mediador de las normas a respetar en el transcurso de las reuniones se habrá insistido en unas pautas de conducta que rechazan cualquier ofensa o agresión verbal a la otra parte y la elevación del tono de voz.

Sin embargo, en este primer encuentro entre las partes es posible que se produzca lo que se llama "descarga de tensiones", proceso éste inevitable en determinados conflictos que tiene un elevado grado de enfrentamiento entre las partes. Si se diera, en determinadas circunstancias podría ser conveniente permitir esa descarga de tensiones que una vez superada permitirá un mejor acercamiento a la negociación.

De otro lado, en esta primera aproximación en presencia de un tercero se genera una cierta "teatralización" por las partes ante el mediador, las cuales no se muestran tal como son, sino que pretenden dar una imagen distinta por motivaciones diferentes.

3.3 ¿Cuál ha de ser el contenido de esta primera intervención?

Durante la primera intervención las partes no deben iniciar una discusión de los temas controvertidos, sino que en esta primera fase cada representación transmitirá **su propia versión del conflicto**, describiendo los antecedentes e historia de las negociaciones sobre los temas controvertidos y que les separan.

Se dará la palabra a ambas representaciones en forma sucesiva, procurando el mediador una administración equitativa de los tiempos de intervención de cada representación.

Una vez expuestas las versiones, es conveniente que el mediador vaya realizando a cada parte o ambas a la vez, **solicitud de aclaraciones** de temas concretos sobre los que se ha intervenido, si bien sería más adecuado no realizar en esta fase preguntas sobre los temas con mayor grado de enfrentamiento entre las partes.

Además, se puede comenzar a utilizar un **conjunto de técnicas** que van a servir para identificar las necesidades e intereses de cada una de las partes, así como para que cada parte se sienta importante y debidamente escuchada y para disminuir tensión:

- **Parafrasear**: Preguntar utilizando palabras con el mismo significado.
- **Resumir**: Tras una extensa intervención resumir el contenido de la misma y preguntar al expositor si esa ha sido la esencia de su intervención.
- **Atenuar las emociones**: Decir lo mismo que ha dicho una de las partes pero sin una carga emotiva y bajando la tensión.
- **Aclaraciones**: El mediador va pidiendo ciertas aclaraciones sobre algún tema que puede aportar mayor comprensión no sólo al mediador, sino también a las propias partes.

3.4 ¿Cuánto debe durar esta primera fase de aproximación?

No existe una regla general sobre la duración de esta primera aproximación de las partes. Dependerá de varios factores y, en especial, de los conocimientos e información que del conflicto tengan las partes o el propio mediador.

Las características de este encuentro van a variar teniendo en cuenta dos factores específicos:

- **Proceso de maduración del conflicto**: Si las partes llevan mucho tiempo negociando directamente tenderán a dar énfasis a las cuestiones que les separan, dando por sentado todos los temas que ya son asumidos por ambas partes. Aquí el mediador puede tener alguna dificultad añadida para conocer extremos no manifestados, para lo cual debería hacer preguntar aclaratorias. Si el bloqueo de las negociaciones se ha producido después de un número escaso de encuentros entre las partes, será más fácil para el mediador llegar a conocer todos los elementos que han influido en el proceso negociador.
- **Complejidad de las cuestiones negociadas**: Determinados temas necesitarán mayor profundidad en su tratamiento a causa de las dificultades complementarias que aportan al conflicto y al proceso de mediación mismo. Así, por ejemplo, en una mediación ante una convocatoria de huelga por retrasos en el pago de salarios, aunque pueda parecer muy conflictiva por la medida planteada, esta aproximación será breve pues las cuestiones planteadas en principio no revisten una complejidad especial. Por el contrario, una mediación en un proceso de negociación colectiva a nivel de empresa en el que las cuestiones más conflictivas deriven de materias organizativas específicas de la empresa supone un mayor grado de complicación para la labor del mediador.

9.4. Averiguando intereses y posiciones

Como venimos insistiendo, no todos los conflictos y por consiguiente las mediaciones son iguales. Frecuentemente estas distintas etapas las podemos encontrar solapadas entre ellas mismas.

Una vez que cada parte haya efectuado su exposición de los hechos concretos, con las aclaraciones e intervenciones del mediador e incluso con la réplica y contrarréplica de ambas representaciones a lo que ha dicho la otra, comienza una fase más compleja para el mediador.

Hasta ahora, hemos señalado las reglas del juego, hemos averiguado directa o indirectamente los antecedentes, causas y objetivos del conflicto. Tenemos a las partes sentadas alrededor de una mesa y allí se debe retomar el auténtico proceso negocial entre ellas, y es el momento en que el mediador debe usar sus técnicas de promoción de la misma y remoción de los obstáculos.

Cuando han finalizado las exposiciones de las partes sobre la delimitación de los hechos que les han llevado al proceso de mediación, caben **varias situaciones posibles**:

- Las partes ya por sí solas han tomado el hilo conductor de la negociación y el mediador actúa de mero intermediario, regulando las distintas intervenciones, observando a las partes, escuchando atentamente y tomando nota de todo lo que se va diciendo, para averiguar cuáles son las necesidades e intereses de las partes en cada uno de los temas. Si bien esa situación hace pensar en una evolución adecuada del proceso de negociación, no se debe perder la atención, pues en cualquier momento se puede encontrar de nuevo en un punto muerto que va a requerir la intervención del mediador.
- Se produce un silencio o paralización del proceso: Aquí se precisa una intervención más activa de la persona mediadora. ¿Cómo puede hacer que el proceso continúe?
- Solicitando una pausa o descanso: En este momento el mediador comunica que a continuación se efectuará una pausa, solicitando a una de las partes que se dirija a la sala de reuniones separadas.

  Estas reuniones separadas, como se apuntó, tienen como objetivo el averiguar cuáles son los intereses de cada una de las partes y hasta dónde están dispuestas a ceder sus pretensiones.

  Si hemos realizado una reunión con una de las partes, es conveniente que antes de realizar de nuevo una reunión conjunta nos entrevistemos con la otra parte.
- El mediador comienza a tener una intervención activa en el proceso negociador, indicando las cuestiones conflictivas o aspectos parciales de las mismas que se van a tratar con mayor profundidad. Aquí no existe una norma común para elegir qué temas se deberían negociar en primer término, si los menos conflictivos o los que implican un menor grado de enfrentamiento entre las partes.

Por lo general, si son numerosas las cuestiones a negociar –por ejemplo en una negociación de un convenio colectivo-, se pueden agrupar los temas a tratar por bloques, bien sea en función del mayor o menor coste económico que los mismos impliquen, o bien por el menor o mayor grado de enfrentamiento por esos temas entre las partes.

En general, en un conflicto en que llevan tiempo negociando las partes y se encuentran ante una situación límite (por ejemplo, la convocatoria de una huelga por parte de los trabajadores) sería oportuno profundizar en los temas más importantes para las partes (por ejemplo, el incremento salarial) pues una vez alcanzado acuerdo en el núcleo duro del conflicto los otros elementos caerán sin dificultades en el ámbito del acuerdo.

A continuación vamos a exponer de forma más detallada las distintas situaciones que se pueden ir produciendo y los instrumentos que debe utilizar el mediador durante el proceso de negociación.

No siempre es posible acometer la solución de un conflicto laboral proponiendo directamente alternativas de acuerdo por las partes o por el mediador.

Posiciones e intereses

Posiciones

Son las afirmaciones, demandas y ofertas de cada parte durante la negociación.

¿Qué es lo que cada parte quiere o necesita? La respuesta a esta cuestión viene dada por las posiciones de las partes.

Cada parte va a presentar en la mesa de negociación sus posiciones u objetivos. No es difícil averiguar cuáles son, ya que generalmente son expresados por las partes.

Una negociación por posiciones puede resultar muy problemática, por las siguientes razones:

- bloquea la negociación de las partes e impide soluciones alternativas a las posiciones de cada una de ellas;
- puede dañar la relación entre las partes.

Por tanto, el mediador debe evitar una negociación por posiciones, averiguando los intereses de cada parte, encauzando las negociaciones a la satisfacción de esos intereses.

Intereses
Son las necesidades o deseos de las partes.

¿Por qué, para qué lo quieren? ¿Por qué y para qué lo necesitan? Las respuestas a esas cuestiones vienen dadas por los intereses de cada parte.

El mediador debe ir averiguando los intereses de cada parte, preguntando el porqué de cada posición a la empresa o a los trabajadores.

No es fácil que las partes respondan a preguntas directas tales como: "¿Podría decirme cuál es la causa de su preocupación por este tema? ¿Por qué no quiere aceptar esta propuesta que al parecer no le perjudica?" Las partes pueden no conocer o estar en disposición de responder a estas preguntas, pues puede que no conozcan con exactitud sus intereses, o conociéndolos no quieran transmitirlos a la otra parte o al mediador.

La identificación de esos intereses por el mediador se debe realizar partiendo de las siguientes **premisas**:

- Ambas partes tiene intereses y necesidades válidos para ambas e importantes para cada uno de ellas. Por ello el mediador nunca ha de menospreciar los intereses de cada parte, aunque no los comparta.
- En cualquier conflicto hay intereses compatibles y soluciones complementarias, las cuales se deben ir explorando a través de la negociación.
- El acuerdo posible es el que satisfaga el número máximo de intereses de cada parte, por lo cual se han de conocer éstos de la mejor forma posible.

En el proceso de averiguación de intereses nos podemos encontrar con dificultades motivadas por las siguientes causas:

- Las partes desconocen o tienen un cierto grado de confusión, sobre cuáles son sus intereses y tienden a identificarlos con las posiciones que mantienen en la negociación.
- Los intereses se ocultan de forma intencional, bien sea como estrategia para obtener mayores ventajas en el proceso negocial, bien debido a que esos intereses son de carácter psicológico o personal de uno o varios miembros de la representación.
- Además de conocer los intereses de cada parte, es necesario conocer la **prioridad** en los mismos.

En las negociaciones colectivas las solicitudes de la representación de los trabajadores son muy variadas y numerosas. Pero no tienen la misma importancia, ni provocan la misma necesidad los aumentos salariales para hacer frente a las necesidades básicas, como otras solicitudes, por ejemplo, en materia de salud laboral.

Durante la mediación hemos de distinguir las posiciones y los intereses de cada parte, conocer las prioridades de los intereses que tienen ambos y ayudar a transmitir a cada parte los intereses de la otra parte. La negociación se debe realizar sobre intereses y no sobre posiciones.

Existen distintas **clases de intereses**:

1. **Según el contenido:**

- **Sustantivos y reales**: son aquellos intrínsecos a la negociación y propios de la misma.
- **Procedimiento** (forma de alcanzar un acuerdo, alcanzar o no un acuerdo, que el acuerdo lo imponga un tercero).
- **Psicológicos**: relacionados con la actitud en el proceso de las personas que integran cada una de las representaciones.

2. **En función de las partes, los intereses pueden ser:**

- **Compartidos**: comunes a ambos. Se tienen necesidades análogas y no excluyentes las unas de las otras.
- **Complementarios**: con la satisfacción de los de una parte se satisfacen los intereses distintos de la otra.
- **Contradictorios**: la satisfacción de los intereses de una parte se opone frontalmente a la de la otra parte. Los intereses son mutuamente excluyentes.

Opciones

Una vez determinados los intereses de cada parte y su orden de prioridad para cada una de ellas, podremos identificar las distintas maneras que existen para satisfacer esos intereses, es decir las diferentes opciones.

Las opciones son las posibles soluciones de una diferencia, de forma que satisfagan los intereses de los negociadores y que creen valor.

Durante la negociación las partes no deberían centrarse en opciones limitadas y en no considerar los intereses de la otra parte. La mediación les debe ayudar en este proceso de crear el mayor número de opciones y que éstas satisfagan los intereses de las partes negociadoras y creen valor.

1. **Satisfacción**: Buscar las fórmulas de satisfacer los intereses de ambas partes. A su vez cada parte debe hacer el esfuerzo de buscar las opciones adecuadas a sus intereses, así como a los intereses de la otra parte.
2. **Crear valor**: Es la forma de aumentar al máximo las ganancias conjuntas, combinando habilidades y recursos para satisfacer los intereses clave de cada parte.

Alternativas

Aunque hayamos averiguado los intereses de cada parte y la gama de opciones posibles para satisfacer parcial o totalmente esos intereses, en el proceso de mediación también el mediador debe averiguar cuáles son las posibles alternativas de solución de conflicto distintas a un acuerdo alcanzado vía la negociación. Es decir, cada parte puede tener otras formas de satisfacer los intereses distintos al acuerdo específico.

En las negociaciones las partes tienen siempre lo que se denomina un "valor de reserva", es decir un punto de referencia para determinar el acuerdo o el desacuerdo. La negociación y el acuerdo alcanzado en la misma le debe aportar a cada parte una opción mejor que el "valor de reserva" de cada una de ellas. En una reclamación de diferencias salariales si una de las partes considera que si acude a la justifica a reclamar esas diferencias va a conseguir el 50 por ciento de sus pretensiones o se le va a condenar sólo a pagar el 50 por ciento de lo que se solicita en la negociación, está claro que ese valor de reserva está en 50 y el acuerdo debe aportar una opción mejor que ese valor de reserva.

Hay que valorar de cada alternativa sus probabilidades y sus costos, no sólo económicos y de tiempo, sino otros de carácter menos sustantivo y más procedimental, los cuales tienen importancia decisiva en muchos conflictos, como luego veremos.

9.5. Propuestas de acuerdo

Una vez explorados los intereses, las prioridades, así como las posibles opciones para satisfacer los mismos, se deben ir generando las distintas propuestas de acuerdo.

Como **principio general** debemos señalar que **corresponde a las partes el ir buscando las distintas posibilidades de acuerdo** en el transcurso de la negociación. El proceso de comunicación que caracteriza la negociación debe favorecer que las partes vayan acercando sus posturas, averiguando sus intereses y realizando distintas ofertas para resolver el conflicto.

La **actuación del mediador para que las partes busquen distintas soluciones que lleven al acuerdo** pasa por un proceso previo de convencer a las partes sobre la búsqueda de esas alternativas. Así el mediador deberá:

- Promover la aceptación de las partes de la necesidad de alternativas, convenciéndolas de que entre esas puede salir la solución definitiva del conflicto.
- Convencer al negociador intransigente que su idea de que la otra parte aceptará su planteamiento es equivocada, si bien eso no supone que el mediador deba rechazar o aprobar el contenido de la propuesta de una u otra parte.
- Se debe ayudar a las partes a realizar la valoración de las formas de resolver el conflicto atendiendo a factores tales como el tiempo, los costos, efectos sobre la relación entre ambas, reincidencia de disputas, importancia del acuerdo negociado sobre la solución impuesta por un tercero (árbitro o juez). Son algunos de los argumentos que se pueden usar como forma de persuadir a una parte de la conveniencia de abandonar una posición e ir avanzando por la búsqueda de fórmulas para satisfacer intereses.

No obstante, también existen conflictos en los cuales esta dinámica normal de la negociación no da resultado. Ambas partes o una de ellas se mantienen en sus posiciones, no queriendo variar su postura y evitando hacer propuestas distintas pues podrían percibirse como un síntoma de debilidad.

Es aquí donde el mediador debe ir desplegando su actividad utilizando estrategias que sirvan para romper esa dinámica.

A continuación vamos a detallar alguno de los instrumentos que puede usar el mediador.

Procedimientos para ir generando posibles acuerdos

Premisas previas

- La persona que medie **no debe obsesionarse** por la búsqueda de alternativas de acuerdo. En el transcurso de la negociación van a aparecer sin duda distintas posibilidades que el mediador va a estar en condiciones de "percibir" pues no es sujeto activo del conflicto. La objetividad que le da acercase al mismo como tercero, le va a facilitar un enfoque distinto y, por tanto, le permitirá vislumbrar posibles soluciones.
- El mediador, al ser la persona en la cual las partes han depositado su confianza, se encuentra en una **posición privilegiada para proponer** distintas alternativas de acuerdo. Si las partes están bloqueadas y no generan soluciones al conflicto, el mediador puede hacerlo y seguramente su propuesta no generará tanto recelo o desconfianza como otra similar que venga de la otra parte. Así, algunos mediadores utilizan el recurso de ir averiguando las distintas posibilidades de acuerdo en las reuniones separadas que va manteniendo con cada parte, y luego las lleva al plenario o reunión conjunta como si fuera propuesta propia del mediador.

Exponemos a continuación esos procedimientos, los cuales, como se verá, no son excluyentes sino que, por el contrario, pueden ser complementarios.

1. **Parcelar las cuestiones conflictivas**
Intimamente relacionado con lo que se expuso sobre la forma de organizar la agenda, comenzando o no por los puntos más o menos conflictivos, está el realizar el planteamiento de posibles soluciones al conflicto de una forma global o parcialmente por cada cuestión.

Partiendo del hecho que la sucesión de pequeños acuerdos o acuerdos fraccionados pueden llevar a un acuerdo global, el mediador puede proponer el ir buscando alternativas de acuerdo y la consiguiente solución definitiva mediante estos dos sistemas:

- El acuerdo final será la **suma de acuerdos parciales** y sólo en los temas en que expresamente se haya alcanzado una solución aceptada por ambas partes.
- Sólo se entenderá por ambas partes que se ha alcanzado el acuerdo cuando se hayan acordado las distintas parcelas o puntos en los cuales se ha fraccionado la controversia, de manera que las partes sólo se sentirán comprometidas con las fórmulas propuestas para solucionar cada uno de los temas del conflicto, cuando haya un acuerdo total. En definitiva la **validez de los acuerdos parciales está vinculada a la existencia de un acuerdo posterior sobre la totalidad** del conflicto.

En las negociaciones de los pliegos de condiciones de los convenios o contratos colectivos vemos que las cuestiones planteadas son numerosas y algunas más difíciles de solucionar que otras. A veces, una suma de acuerdos en temas menos conflictivos preparan a las partes para abordar con mejor predisposición el tratamiento de las alternativas para acordar cuestiones más difíciles, tales como incrementos salariales, condiciones de empleo, etc. Por ello, el mediador debe buscar fórmulas que desbloqueen esa búsqueda de soluciones y una de ellas es la parcelación de los acuerdos. Por el contrario, en algunos conflictos laborales si se alcanza acuerdo en los puntos más importantes para cada parte en la negociación, los otros temas que en un principio han podido presentarse como de gran transcendencia para la solución del conflicto vemos que se "caen" de la negociación y su planteamiento se abandona por la parte que lo llevó a la mesa de negociación.

2. **Buscar acuerdos sobre planteamientos de partida**
Ante una postura concreta de negociación por posiciones de las partes el mediador puede utilizar como procedimiento para eliminar las dificultades en la búsqueda del acuerdo el de buscar el acuerdo sobre el planteamiento de partida. Normalmente, este acuerdo versará sobre la necesidad de satisfacer un determinado interés o reconocer una situación concreta que genera el conflicto. Acordado el "planteamiento de partida" la búsqueda de soluciones será mucho más fácil para las partes y para el mediador.

Por ejemplo, en un conflicto planteado entre la dirección de una empresa y sus trabajadores en el cual la empresa insiste en la necesidad de implantar un turno de noche y los trabajadores se oponen al preferir su actual horario estable de 8 a 16 horas. Ante la imposibilidad de alcanzar acuerdo sobre esta cuestión, el mediador puede plantear como punto de partida el que las partes determinen si están de acuerdo en que la empresa sufre pérdidas importantes y que esas se podrían ir reduciendo con una mejor organización de las horas de producción. Una vez que exista acuerdo sobre este punto, la negociación se desbloqueará cuando el mediador pregunte a las partes sobre distintas fórmulas para organizar mejor las horas de producción y la consiguiente disminución de las pérdidas económicas de la empresa.

3. **Propuestas de distintos procedimientos específicos**
La dinámica de las negociaciones es diversa y el mediador debe acomodar a la misma sus actuaciones tendentes a la solución del conflicto. Para ello puede proponer distintas soluciones para desbloquear el tratamiento de cuestiones en las cuales no se avanza por motivos distintos.

3.1 *Propuestas escritas de cada parte:* El mediador en determinadas situaciones puede solicitar a cada parte que hagan el esfuerzo de articular o especificar con más detalle las posibles propuestas que cada una haga en un tema concreto. Cuando se formula con más detalle la propuesta de una parte, que en principio ha sido rechazada por la otra, es más probable que aparezcan aspectos en los cuales los intereses de ambas pueden ser coincidentes.

3.2 *Comisiones reducidas genéricas:* Cuando la composición de una o ambas representaciones es muy numerosa y en la mesa de negociación no se avanza en la búsqueda de soluciones, puede ser conveniente proponer formar una comisión reducida. A esta comisión se le asignará la tarea de profundizar en las cuestiones conflictivas, así como en la búsqueda de alternativas de arreglo de las mismas, las cuales se llevarán posteriormente a la sesión plenaria con todos los miembros de cada representación.

3.3 *Comisiones reducidas específicas:* Algunos temas por su especial complejidad técnica o por sus dificultades de tratamiento en la mesa general de negociación pueden ser llevados a su consideración a una mesa más reducida en la cual pueden estar presentes además de una representación limitada de cada parte, expertos que asesoren en esos temas específicos a los representantes empresariales sindicales.

3.4 *Propuesta escrita del mediador. Propuesta del "documento único":* Puede ser la persona que ejerce la mediación quien, una vez escuchadas las posturas de ambas partes, asuma el compromiso de elaborar un borrador de propuesta escrita sobre el que cada parte va a ir haciendo sus modificaciones, con el fin de elaborar el documento final de acuerdo.

3.5 *Acudir a uno o varios expertos:* En temas muy específicos y que revisten gran complejidad técnica se puede proponer buscar el asesoramiento de una o varias personas expertas en ese tema para que propongan soluciones viables para la solución de la disputa. La solución de temas relacionados con los métodos y tiempos de trabajo es común llevarla a la consideración conjunta de los técnicos de la empresa y del sindicato quienes por lo general propondrán una solución conjunta de la cuestión conflictiva que se ha sometido a su consideración.

4. **Ampliando la gama de posibles soluciones**

Para ir acercándose al acuerdo que suponga la solución final es necesario que las partes se vayan alejando o desviando de su posición inicial. No es conveniente que la negociación transcurra sólo en torno a las alternativas de acuerdo propuestas por cada parte, sino que es importante que se vayan generando orientaciones nuevas, matices distintos que enriquezcan y a la vez transformen esos planteamientos iniciales. Estas aportaciones se pueden hacer por las partes o por el mediador.

Si orientamos la solución por la vía de los intereses compartidos y compatibles de las partes y en consecuencia no excluyentes, estará más cerca el acuerdo. Por eso el mediador debe ir dirigiendo la discusión hacia los aspectos en los cuales los intereses son compatibles y no antagónicos. En esta vía van a surgir distintas soluciones que van a posibilitar el acuerdo.

Hasta aquí hemos expuesto distintos métodos, no todos, de los que se vale el mediador para ejercer su función que no es otra que la solución final del conflicto. Ahora bien, no se debe olvidar que no todos los conflictos sometidos a mediación se resuelven. A continuación expondremos la última etapa de la mediación.

9.6. Finalización de la mediación

El proceso de mediación no tiene una duración limitada en el tiempo, salvo que la legislación del país y para determinados supuestos de mediación obligatoria o voluntaria disponga un período máximo para llevar a cabo la misma.

Aludíamos a la importancia que el mediador no transmitiera a las partes prisas en la finalización de su labor. Sin embargo, en algún momento ésta debe finalizar y de ello han de ser conscientes las partes.

Aparte de los casos en los cuales la mediación no puede continuar por la negativa de una de las partes a volver a la mesa de negociación, por lo general, la mediación finalizará cuando se haya obtenido la certeza de la imposibilidad del acuerdo o cuando éste se haya alcanzado.

9.6.1. Inexistencia de acuerdo

Cuando el mediador ha desplegado toda su actividad y la búsqueda de soluciones al conflicto ha sido improductiva o cuando a pesar de haberse encontrado distintas propuestas de solución éstas no han sido aceptadas, se ha de asumir que la mediación ha de finalizar aunque sea sin acuerdo.

En muchas ocasiones las partes prefieren acudir a alternativas distintas. Una de ellas es ejercer el derecho de huelga porque entienden que con su ejercicio van a estar en una posición distinta en la negociación. A veces se prefiere que sea un tercero quien decida la solución del conflicto, bien sea a través del arbitraje voluntario o bien mediante su sometimiento al juez. Se deben aceptar por el mediador estas distintas alternativas a las que las partes desean acudir, aceptando la posibilidad que la mediación finalice sin acuerdo.

9.6.2. Finalización con acuerdo

Después del proceso de búsqueda de soluciones las partes pueden alcanzar un acuerdo, siendo ésta la forma más satisfactoria de finalizar la mediación.

Existen dos supuestos claros en los cuales el acuerdo consiste en fijar las bases del pacto definitivo. Nos estamos refiriendo al **"principio de acuerdo"**, que se produce:

- Cuando en la mesa de negociación no están presentes quienes tienen verdadera capacidad de decisión, o las partes quieren llevar el acuerdo alcanzado a su ratificación posterior. La asamblea de trabajadores, los afiliados al sindicato o a la organización empresarial o la directiva de la empresa son los destinatarios de la consulta de ratificación del principio de acuerdo alcanzado en la mesa de negociación.
- Cuando se señalan los elementos básicos del acuerdo que posteriormente se redactará con mayor detalle por ambas partes.

El acuerdo debe cumplir una serie de requisitos básicos para que podamos entender que la negociación ha finalizado con éxito.

Requisitos del acuerdo

1. **Fundamentado**: Debe resolver el mayor número de temas de forma satisfactoria para ambas partes.
2. **Permanente**: Las cuestiones resueltas por medio del acuerdo deben resolverse en la medida de lo posible en forma definitiva, evitándose acuerdos en los cuales ya desde el principio se vislumbre que pueden romperse.
3. **Equilibrado**: El acuerdo debe percibirse como una victoria para ambas partes. Por ello deben evitarse esos acuerdos en los cuales sólo aparece ganadora una de las partes.
4. **Claro**: En la medida de lo posible el texto del acuerdo debe ser claro en su redacción, evitando que en el futuro genere problemas interpretativos.

El mediador debe velar por la concurrencia de estos requisitos en el acuerdo alcanzado entre las partes, advirtiendo a las mismas de los posibles riesgos que asumen cuando falla alguno de los mismos.

Las negociaciones laborales no tienen un principio y un final delimitado, sino que por el contrario son un proceso continuo en el cual errores cometidos en una negociación de una determinada controversia pueden hipotecar en el futuro otras negociaciones.

Conclusiones

La institución de la mediación se debe configurar como un instrumento más al que las partes, sujetos de un conflicto laboral y auténticos protagonistas del proceso negocial, pueden acudir cuando en la negociación directa, sin intervención de un tercero, se encuentra dificultades que les impidan alcanzar el acuerdo.

Debe ponerse de manifiesto que la mediación no debe suplir la autocomposición de los conflictos laborales por los propios sujetos protagonistas de los mismos. En este sentido, no debe considerarse nunca como un fin en sí misma, sino como un instrumento de ayuda a las partes, y como tal debe ser percibido por éstas.

Para que la mediación tenga este carácter se precisa que las instituciones que la alberguen cuenten con mediadores debidamente capacitados para la función que se les asigna, encarnando la imparcialidad y neutralidad necesaria para su desempeño. Esas características deben transmitirse a las partes en conflicto para que puedan depositar su confianza en este mecanismo de solución de conflictos, cuya eficacia se fundamenta, precisamente, en esa condición.

Bibliografia

Acland, A.F.: "Cómo utilizar la mediación para resolver conflictos en las organizaciones". Paidós, Barcelona, 1997.

Axelrod, R.: "La evolución de la cooperación". Alianza, Madrid, 1986.

Colosi, T.R. y Berkeley, A.E.: "Negociación colectiva: el arte de conciliar intereses". Limusa, México D.F., 1989.

Fisher, R. y Ertel, D.: "Obtenga el sí, en la práctica". Gestión 2000, Barcelona, 1997.

Font Barrot, A.: "Negociaciones entre la cooperación y el conflicto". Grijalbo, Barcelona, 1997.

Gladstone, A.: "El arbitraje voluntario de los conflictos de intereses". OIT, Ginebra, 1988.

Gómez-Pomar, J.: "Teoría y técnicas de negociación". Ariel, Barcelona, 1991.

Hernández Vigueras, J.: "De los conflictos en el sistema de relaciones laborales". Ministerio de Trabajo y Seguridad Social, Madrid, 1992.

Kolb, D.: "Los mediadores". Ministerio de Trabajo y Seguridad Social, Madrid, 1989.

Leritz, L.: "Negociación infalible". Paidós, Barcelona, 1993.

Moore, C.: "El proceso de mediación". Granica, Buenos Aires, 1995.

OIT: "Conciliación y arbitraje en los conflictos de trabajo". Ginebra, 1981.

Six, J.F.: "Dinámica de la mediación". Paidós, Barcelona, 1997.

Ury, W.: "Supere el no". Gestión 2000, Barcelona, 1991.

VV.AA.: "Nuevas direcciones en mediación". Comp. Folguer, J. y Jones, T. Paidós, Buenos Aires, 1997.

VV.AA.: "La negociación colectiva en América Latina". Editores Ojeda, A. y Ermida, O. Trotta, Madrid, 1993.

Made in United States
Troutdale, OR
11/03/2026

56844365R00097